物流大数据分析与挖掘

主编 黄音

电子工业出版社
Publishing House of Electronics Industry
北京 · BEIJING

内 容 简 介

本书主要讲述物流大数据的理论、实践案例、相关软件实操与应用等。本书以大数据理论为基础，结合物流与供应链管理的相关知识，运用数据分析、数据挖掘及数据可视化软件，以案例分析及实操的形式对物流大数据的应用予以形象、具体的分析，帮助学生综合运用物流与供应链管理的知识与原理，提升数据分析能力和逻辑思维能力；锻炼学生运用创新性数据思维提出并解决物流与供应链管理领域实际问题的能力；帮助学生对相应的物流与供应链方案进行数据分析，形成创新设计的思维习惯，获得独立解决物流与供应链管理领域相关问题的能力。

图书在版编目（CIP）数据

物流大数据分析与挖掘/黄音主编. —北京：电子工业出版社，2023.4

ISBN 978-7-121-45214-7

Ⅰ.①物… Ⅱ.①黄… Ⅲ.①物流管理—数据处理②物流管理—数据采掘

Ⅳ.①F252

中国国家版本馆 CIP 数据核字（2023）第 046125 号

责任编辑：王 花
印 刷：北京天宇星印刷厂
装 订：北京天宇星印刷厂
出版发行：电子工业出版社
　　　　北京市海淀区万寿路 173 信箱 邮编：100036
开 本：787×1092 1/16 印张：9 字数：230.4 千字
版 次：2023 年 4 月第 1 版
印 次：2025 年 8 月第 4 次印刷
定 价：38.00 元

凡所购买电子工业出版社图书有缺损问题，请向购买书店调换。若书店售缺，请与本社发行部联系，联系及邮购电话：（010）88254888，88258888。

质量投诉请发邮件至 zlts@phei.com.cn，盗版侵权举报请发邮件至 dbqq@phei.com.cn。

本书咨询联系方式：（010）88254178 或 liujie@phei.com.cn。

前　言

本书共分为两个部分，即物流大数据理论与实践和物流大数据实操与应用。第一部分包括六个章节，即物流大数据关键技术与应用、物流大数据与人工智能、物流大数据与云计算、物流大数据与区块链、物流大数据与数字孪生、物流大数据与复杂网络；第二部分包括三个章节，即物流大数据爬取、物流大数据可视化、物流大数据文本挖掘。

本教材为 2019 年湖南省研究生高水平教材，可作为管理类研究生的教学用书，也可作为相关从业人员培训、继续教育等方面的教学用书。本书坚持以问题为导向，注重案例分析与应用实操，将大数据分析与挖掘技术应用于物流与供应链领域的实际问题。本书第一部分注重物流与供应链领域实际案例的分析，第二部分注重大数据分析与挖掘软件在物流与供应链领域的应用与实操。

本书由中南林业科技大学物流与交通学院黄音博士主编，负责统揽全局及全书框架结构的搭建。湖南师范大学王晶博士、中南林业科技大学符瑛博士和任腾博士参与了本书的编写工作。其中，黄音、王晶负责第一章的编写工作；黄音负责第二章、第三章、第四章、第五章、第六章、第八章的编写工作；黄音、任腾负责第七章的编写工作；黄音、符瑛负责第九章的编写工作。中南林业科技大学李思谨、黄湘霓、张小帆、赵洋、盛思诗、毛莉莎、杨小佳、刘雅静、王冰冰、韩蕾滋、王湘梅、贾彬彬、张思齐、黄薇、董晨阳、陈苡蔚、胡龙琪、王敏、祝灵煊等学生参与了资料查询、统稿与校对工作。

本书得到 2019 年湖南省研究生高水平教材立项项目（湘教通〔2019〕370 号）、国家自然科学基金项目（72174214、71804200）、2019 年湖南省学位与研究生教育改革研究项目（2019JGYB150）及 2018 年度湖南省普通高校青年骨干教师培养项目（湘教通〔2018〕574 号）资助。

本书在编写过程中，得到了湖南省教育厅的大力支持和中南林业科技大学领导的高度重视，也得到了湖南师范大学领导和老师们的指导和技术支持，在此一并表示感谢。

为了方便教学，本书还配有完备的电子教学资源，包括：

1. 教案
2. 教学课件
3. 章节练习题及答案

请有需要的教师和学生扫描右侧二维码查看，如有问题请与电子工业出版社联系（liujie@phei.com.cn）。

书中疏漏偏颇之处在所难免，恳请读者批评指正。

编者

2022 年 9 月

目　　录

第一部分　物流大数据理论与实践

第二部分 物流大数据实操与应用

第一部分

物流大数据理论与实践

| 第一章 |

物流大数据关键技术与应用

学习目的

　　通过本章学习，掌握大数据技术的概念、特点、关键技术及价值；重点掌握大数据采集、大数据存储与管理、大数据计算模式与系统、大数据分析与挖掘等关键技术要点；理解大数据在物流与供应链中的具体应用。

1.1 大数据技术的概念与特点

　　21 世纪是信息与技术的时代，随之发展的还有大数据及其相关技术，计算机、信息技术以及通信等各行各业所产生的数据呈指数爆炸型增长。大数据与人工智能、云计算、区块链、数字孪生等新技术的交汇融合，持续加速了技术创新。数据显示，截至 2021 年 8 月 31 日，全国共有 6 万余家大数据企业，其中处于高质量发展阶段的企业数量达 12432 家，占比超过 20%。

　　从字面上看，大数据似乎仅仅代表了大规模数据（Large Data）和海量数据（Massive Data）。事实上，大数据的概念随着技术的发展而发展，有多种定义。

　　维基百科给出的大数据概念为：大数据又称巨量资料，指的是传统数据处理应用软件不足以处理的、复杂的数据集。此外，大数据也可以定义为各种来源的大量非结构化、半结构化和结构化数据。大数据包含的数据量通常超出了传统软件在可接受的时间内进行处理的能力。

　　MBA 智库百科给出的大数据概念为：大数据是指无法在一定时间内用常规软件工具对其内容进行抓取、管理和处理的数据集合。大数据技术是指从各种各样的数据中快速获得有价值信息的能力，包括大规模并行处理数据库、数据挖掘、分布式文件系统、分布式数据库、云计算平台、互联网及可扩展的存储系统等。

　　从上述两个概念可以看出，大数据技术与传统的数据分析技术有很大区别，具体表现在数据规模、数据类型、数据处理模式以及数据处理工具、方法、技术等方面。大数据是现有数据库管理工具和传统数据处理方法很难处理的大型、复杂的数据集，大数据技术的范围包括大数据的采集、存储、传输、分析、挖掘、建模和可视化等。

　　大街小巷、工作场所、港口场站和楼层通道等场所都安装了大量很微小但带有处理功能的传感器，这些传感器记录下的大量数据形成了大数据资源，具有海量、多源、结构多样、随时间不断变化的特点。各种传感器记录的数据纷繁复杂，需要进行转换、清洗、抽取和集成，并通过相关性关联与聚类，采用一致性的结构来存储数据。因此，数据预处理技术及过程是数据分析与挖掘的重要前提。

IBM 公司提出大数据技术具有"5V"特点：海量（Volume）、高速（Velocity）、多样（Variety）、低价值密度（Value）和真实（Veracity），如表 1-1 所示。"海量"表示数据采集、存储和计算的量都非常大，起始计量单位至少是 PB（大约 1000TB）、EB（大约 100 万TB）或 ZB（大约 10 亿 TB）。"高速"表示数据增长速度快、处理速度快、时效性要求高，个性化推荐算法尽可能要求实时完成推荐，这是大数据区别于传统数据的显著特征。"多样"表示大数据的来源、种类和结构多样化，包括结构化、半结构化和非结构化数据，具体表现为网络日志、音频、视频、图片、地理位置信息等多种类型的数据。"低价值密度"表示随着互联网、物联网的广泛应用，信息感知无处不在，但价值密度相对较低，如何结合业务逻辑并通过强大的机器算法来挖掘数据价值是大数据时代最需要解决的问题。"真实"表示大数据技术对数据的准确性和可信赖度要求高。

表 1-1　大数据技术的"5V"特点

特点名称	特点描述
海量	数据采集、存储和计算的量都非常大
高速	数据增长速度快、处理速度快、时效性要求高
多样	数据的来源、种类和结构多样化
低价值密度	数据的价值密度相对较低
真实	数据的准确性和可信赖度要求高

大数据技术的战略意义不在于掌握庞大的数据信息，而在于对这些含有意义的数据进行专业化处理。换而言之，大数据技术的价值在于提高对数据的"加工能力"，通过"加工"实现数据的"增值"。

大数据在物流企业中的应用贯穿了各个环节。在物流决策中，大数据技术应用于竞争环境分析、物流供给与需求匹配、物流资源优化与配置等。在竞争环境分析方面，为了达到利益最大化，需要与适合的电商、物流等企业合作，运用大数据技术对竞争对手进行全面分析，预测其行为和动向，从而了解在某个区域或某个特殊时期应该选择的合作伙伴。在物流供给与需求匹配方面，需要运用大数据技术分析特定日期、特定区域的物流供给与需求情况，从而进行合理的配送管理。在物流资源优化与配置方面，大数据技术应用于运输资源、存储资源等的优化。物流市场有很强的动态性和随机性，需要运用大数据技术采集并分析实时市场变化情况，从海量数据中提取当前的物流需求信息，同时对已配置和将要配置的资源进行优化，实现对物流资源的合理利用。

大数据技术在物流客户管理中的应用主要表现在客户满意度分析、客户忠诚度分析、客户需求分析、潜在客户分析、客户的评价与反馈分析等方面。

物流业务具有突发性、随机性、不均衡性等特点。通过大数据技术可以有效了解消费者的偏好，预判消费可能，提前做好货品调配，合理规划物流路线方案等，从而提高物流高峰期间物流的运送效率。

中 储 智 运

中储智运成立于 2014 年，是一家以"无车承运人"为基础产品的互联网运力平台，其宗旨是以"无车承运人"为核心，构建以数字驱动为核心的新供应链体系。中储物流网络遍布全国，拥有 40 座专业仓库、60 条专用线路、70 家物流实体、100 个分支机构、5000 名专业物流员工和 10000 家优质客户。该平台主要包括智慧物流交易系统及智慧物流分析预测系统。

智慧物流交易系统通过大数据、云计算技术及核心算法能够第一时间实现车货资源的精准定位与智能匹配，实现网上议价、网上交易、货运全程追踪管理、运价结算等功能。

智慧物流分析预测系统可以收集和处理高维、多变、强随机性的海量动态货运业务数据，并在此基础上，结合某一地区的天气、温度、社会事件等，通过复杂的核心算法获得未来一段时间的预测需求数据。该系统通过物流大数据实时公布热门路线的货量、运力情况、空车分布、发货频次、车辆类型等信息，为智慧物流交易系统做数据支撑。

目前，中储智运的运输路线达 32000 余条，运输货物的品类涉及各行业领域，整合了超270 万运力。作为全国第一批"无车承运人"试点企业，中储智运利用大数据算法等核心技术赋能货主企业，帮助货主企业进行风险控制，保证业务结算流程，结合智能调度进行运力维护。基于大数据技术的优势，中储智运帮助货主企业将综合成本降低了 10%，司机找货时间减少了 69%，极大提高了货主企业的运行效率。

在 2020 年，受新冠病毒感染疫情的影响，交通管制和区域管控异常严格，公路货运市场遭受重大挫折，供求两端严重失衡，出现一车难求的现象。在此背景下，中储智运充分发挥以数字驱动为核心的新供应链体系优势，利用车货智能配对技术突破时间和空间的壁垒，让卡车、司机和客户在最低成本、最高效率的配置下实现对接，精准解决了运力短缺的问题。

1.2 大数据的关键技术及价值

大数据技术涉及大数据采集、大数据存储与管理、大数据计算模式与系统、大数据分析与挖掘等方面，下面对这四个方面的内容进行介绍。

1.2.1 大数据采集

大数据采集是指利用多个数据库或存储系统接收来自客户端（Web、App 或传感器等）的数据。为获取高质量数据，可将大数据采集过程分为数据清洗、数据转换和数据集成三个环节。

数据清洗是指通过检测除去数据中的明显错误，减少人工干预和编程量。数据转换是指按照已经设计好的规则对清洗后的数据进行转换，并统一异构数据格式。数据集成是指为后继流程提供统一且高质量的数据集合来达到打破"信息孤岛"的目的。

1. 大数据采集方法

目前常用的大数据采集方法有数据库采集、系统日志采集、网络数据采集、感知设备数据采集等。

1）数据库采集

数据库采集是指通过在采集端分布大量数据库，并在这些数据库之间进行负载均衡和分片，来完成大数据采集工作。Redis、MongoDB 和 HBase 等 NoSQL 数据库常用于数据的采集。

2）系统日志采集

系统日志采集是指采集公司业务平台日常产生的大量日志数据，供离线和在线的大数据分析系统使用。系统日志采集工具均采用分布式架构，能够满足每秒数百兆字节（MB）的日志数据采集和传输需求，其基本特征是高可用性、高可靠性和可扩展性。

3）网络数据采集

网络数据采集是指通过网络爬虫或网站公开应用程序界面等从网站上获取数据信息。

4）感知设备数据采集

感知设备数据采集是指通过传感器、摄像头和其他智能终端自动采集信号、图片或录像等来获取数据。

2. 大数据采集的特点

大数据采集一般有三个特点，一是数据采集以自动化手段为主，尽量摆脱人工录入的方式；二是采集内容以全量采集为主，摆脱对数据进行采样的方式；三是采集方式多样化、内容丰富化，摆脱以往只采集基本数据的方式。

从采集的数据类型来看，大数据采集不仅要涵盖基础的结构化交易数据，还包括半结构化的用户行为数据、网状的社交关系数据、文本或音频类型的用户意见和反馈数据、设备和传感器采集的周期性数据、网络爬虫获取的互联网数据以及未来越来越多具有潜在价值的数据。

1.2.2　大数据存储与管理

数据存储作为大数据技术的核心环节之一，可以理解为是对既定数据内容进行归档、整理和共享的过程。自磁盘系统问世以来，数据存储已经走过了一百多年的历程。在大数据时代，从多渠道获取的数据通常缺乏一致性，数据结构混杂，数据量不断增长。任何机器都会有物理上的限制，例如内存容量、硬盘容量、处理器速度等，这就导致对于单机系统来说，即使不断提升硬件配置也很难跟上数据量增长的速度，需要在硬件限制和性能之间做取舍。

大数据存储与管理技术对整个大数据系统至关重要，数据存储与管理的效果直接影响整个大数据系统的性能表现。

1. 数据存储与管理的价值

数据存储与管理如今不止被定义为接收、存储、组织和维护数据，还意味着更多内容，包括但不限于以下功能。

1）对数据进行分类。

2）聚合、收集和解析数据的元数据。

3）保护数据和元数据不受自然和人为中断的影响。

4）在内部部署和地理上移动数据，进行共享、归档、复制、数据保护、存储系统技术更新和迁移，并访问分析引擎，对数据进行更深入的研究。

5）在进行一次或多次移动后，保持用户和应用程序对数据的透明访问。

6）提供用户可定义的策略，这些策略可自动移动、复制和删除数据。

7）部署人工智能和机器学习，优化数据管理功能。

8）搜索数据并提供可行的信息和见解。

9）使数据符合个人识别信息法律和法规。

10）将数据扩展到数百拍字节（PB）甚至艾字节（EB）的快速扩展数据。

2. 大数据存储与管理的方式

大数据存储与管理技术需要重点研究如何解决大数据可存储、可表示、可处理、可靠及有效传输等几个关键问题，具体来讲，需要解决的问题是海量文件的存储与管理、海量小文件的传输与管理、海量大文件的分块与存储、系统可扩展性与可靠性等。

在大数据存储与管理的发展过程中，出现了以下几种较为有效的方式。

1）不断加密

对任何一个企业来说，任何类型的数据都可能是至关重要且私有的，然而，很多行业巨头容易成为黑客攻击的首要目标。随着企业为保护资产而全面开展反击黑客行动，加密技术成为了打击网络威胁的可行途径。加密技术将所有内容转换为代码，使用加密信息后，只有收件人可以解码并查看数据。

2）仓库存储

大数据就像一个永无休止的数据漩涡，因此可以将信息精简后统一集中到一个指定位置进行管理，这个指定位置就是数据仓库。通过存储、校准、整合及输出，对数据进行集中分层次管理，在保证数据时效性和生态性的同时，还能够对数据完成不同程度的处理。与传统的面向对象的数据库不同，数据仓库内的数据包括多种数据结构（结构化数据、半结构化数据和非结构化数据等）和数据类型。

3）云端备份

大数据存储与管理正在迅速脱离物理机器的范畴，并迅速进入数字领域。云端备份服务推动了企业数字化转型，使得云计算的应用越来越广泛。通过云端备份，不仅可以随时随地访问数据，还可以在云端上进行备份。如果出现网络攻击，云端将通过把数据从 A 迁移到 B 甚至到 C 的方式来确保数据安全。

在数字经济时代，大数据管理不仅仅是数据存储方式的变革，更是大数据思维方式的转变升级，用好数据是企业数字化转型的关键。

3. 大数据存储与管理技术

大数据存储与管理主要采用分布式数据存储技术，主要存储模式为冗余存储模式，即将文件块复制存储在几个不同的存储节点上。比较有代表性的分布式数据存储技术是 Google 的 GFS（Google File System）和 Hadoop 的 HDFS（Hadoop Distributed File System），其中，HDFS 是 GFS 的开源实现。

为了达到方便管理数据的目的，现在不再采用传统的单表数据存储结构，而是采用多维表组成的按列存储的分布式实时数据管理系统。比较有代表性的分布式实时数据管理系统是Google 的 BigTable 和 Hadoop 的 HBase，其中，BigTable 基于 GFS，HBase 基于 HDFS。

1.2.3　大数据计算模式与系统

大数据计算模式是指根据大数据的不同数据特征和计算特征，从多种多样的大数据计算问题和需求中提炼并建立各种高层抽象模型。

大数据计算模式多而复杂，有批处理计算、实时交互计算、海量数据实时计算、流处理计算等。其中，批处理计算的 MapReduce 技术具有扩展性和可用性，适合海量且多种类型数据的混合处理。

1. 批处理计算

批处理计算主要对大规模数据进行批量处理，是日常数据分析工作中常见的一类大数据计算模式。

MapReduce 是具有代表性和影响力的批处理计算技术，可以并行执行大规模数据处理任务，用于大规模数据集（大于 1TB）的并行运算。HBase 系统主要面向离线批处理应用，是一个能够对大量数据进行分布式处理的软件框架，而且是一种可靠、高效、可伸缩的处理方式，通过数据分块及自恢复机制支持拍字节（PB）级的分布式数据存储。

2. 实时交互计算

实时交互计算一般是针对海量数据进行的，要求为秒级，主要分为数据的实时入库和实时计算。实时交互计算一般有两种应用场景，一种是数据量巨大且不能提前计算出结果，要求用户响应时间是实时的；另一种是数据源实时且不间断（流式数据），要求用户响应时间是实时的。

3. 海量数据实时计算

海量数据实时计算分为三个阶段，即数据的产生与收集阶段（实时采集）、传输与分析处理阶段（实时计算）、存储和对外提供服务阶段（实时查询）。

数据的实时采集需要保证可以完整地收集到所有数据，为实时应用提供实时数据。在响应时间上要保证实时性、低延迟、配置简单、部署容易、系统稳定可靠等。

新型的数据实时计算架构一般采用大规模并行处理的分布式架构，数据的存储及处理会分配到大规模的节点上，以满足实时性要求。

数据的实时查询分为全内存（直接提供数据读取服务，定期转存到磁盘或数据库进行持久化操作）、半内存（使用 Redis、MongoDB 等数据库提供数据实时查询服务，由系统进行持久化操作）和全磁盘（使用 HBase 等以分布式文件系统为基础的 NoSQL 数据库）三种方式。

4. 流处理计算

流处理计算是指不断合并新数据以计算结果。在流处理计算过程中，输入数据不受限制，并且没有预定的开始或结束。"流"是一种数据分发技术，数据生产者将数据记录写入有序数据流，数据使用者按相同顺序读取数据。

Apache Storm 是一种侧重于低延迟的流处理框架，以近实时方式处理流数据，其基本思想是使用数据源拉取数据，并使用 Bolt 接口进行处理和输出，数据处理延时可以达到亚秒级。Apache Storm 主要针对实时连续的数据类型，在流数据不断变化的运动过程中实时进行分析，捕捉可能对用户有用的信息，并把结果发送出去，整个过程中数据的分析处理是主动的，用户处于被动接收的状态。

1.2.4　大数据分析与挖掘

为了从体量巨大、类型繁多、生成快速的大数据中寻找更高的价值，需要大数据分析与挖掘技术帮助理解数据的语义，提高数据的质量和可信度。由于大数据时代数据的复杂特征，传统的数据分析技术已无法满足大数据分析的需求。

目前，关键的大数据分析与挖掘技术是云计算技术和可视化技术。云计算技术中的分布式文件系统为大数据底层存储架构提供支撑，分布式数据库通过快捷管理数据的方式来提高数据的访问速度。各种并行分析技术能在一个开源平台上处理复杂数据，最终通过各种可视化技术将数据处理结果直观清晰地呈现出来，帮助用户更简单方便地从复杂的数据中得到新的发现和收获。

1. 云计算技术

云计算（Cloud Computing）是分布式计算的一种，是指通过网络"云"将巨大的数据计算处理程序分解成无数个小程序，通过多部服务器组成的系统进行处理和分析，得到结果并返回给用户。云计算技术建立在先进的互联网技术基础之上，实现形式众多，主要通过以下形式完成。

1）软件即服务。用户发出服务需求，云计算系统通过浏览器向用户提供资源和程序等。值得一提的是，利用浏览器应用传递服务信息不花费任何费用，供应商亦如此，只要做好应用程序的维护工作即可。

2）网络服务。开发者能够在应用程序界面的基础上不断改进、开发出新的应用产品，大大提升单机程序中的操作性能。

3）平台服务。平台服务协助中间商对程序进行升级与研发，同时完善用户下载功能，具有快捷、高效的特点。

4）互联网整合。利用互联网发出指令时，云计算系统会根据用户需求匹配相适应的服务。

5）商业服务平台。商业服务平台给用户和供应商提供一个沟通平台，同时需要管理服务和软件。

6）管理服务提供商。管理服务提供商常应用于 IT 行业，例如扫描邮件病毒、监控应用程序环境等。

2. 可视化技术

可视化技术借助图形化手段，清晰有效地传达与沟通信息。为了有效地传达概念，美学形式与功能需要齐头并进，直观地传达关键特征，实现对复杂数据集的深入洞察。数据可视化与信息图形、信息可视化、科学可视化以及统计图形密切相关。当前，在研究、教学和开发领域，数据可视化技术实现了传统科学可视化领域与新兴信息可视化领域的创新融合。

可视化技术根据原理不同可以划分为基于几何的技术、基于像素的技术、基于图标的技术、基于层次的技术、基于图像的技术等。

案例1-2

日 日 顺

日日顺是海尔旗下的场景生态品牌，旗下有日日顺物流、日日顺乐家、日日顺乐农等产业平台。日日顺物流先后经历从企业物流到物流企业，再到平台企业的三个转型阶段，依托先进的管理理念和物流技术，整合全球一流的网络资源，搭建起开放的专业化、标准化、智能化大件物流服务平台。目前，日日顺物流已经为家电、家具、卫浴、健身器材及互补行业的用户提供了全品类、全渠道、全流程、一体化的物流服务。

日日顺物流以数字化为驱动力，在大件物流智能化领域先行先试，获得众多荣誉，曾入选十大"国家智能化仓储物流示范基地"，牵头承担国家重点研发计划——"智慧物流管理与智能服务关键技术"项目等。目前，日日顺物流在全国拥有15个发运基地、136个智慧物流仓、6000多个网点、3300条干线班车线路、10000余条区域配送线路、10万辆车和20万场景服务师。日日顺物流先后在山东青岛、浙江杭州、广东佛山、山东胶州等地建立了众多不同类型的智能仓。

位于即墨智慧物流园区的无人仓，是连接产业端到用户端的全流程、全场景区域配送中心，服务于包括青岛、烟台、日照、威海等城市在内的半岛地区B2B、B2C用户（以B2C为主）。据介绍，即墨智慧物流园区总占地面积为15.8万平方米，仓库总面积为7.8万平方米。智能无人仓项目的规划和实施由科捷智能完成，所处理的最小存货单位数量超过1万个，覆盖海尔、海信、小米、统帅等绝大部分家电品牌，实现全品类家电的存储、拣选、发货无人化。

智能无人仓能够在黑灯环境下实现24小时不间断作业，除了依靠上述智能设备，还依靠一颗"智慧大脑"——中央控制系统。中央控制系统掌握着无人仓内所有数据，设备运行参数、电机运转参数等都被抽取到上位系统进行建模，实现数字孪生，打破了原来的信息孤岛，通过一套系统就可以管理整个仓库。

智能无人仓内的所有智能装备都通过三维数字孪生技术进行管理，中央控制系统获取所有运营实时数据，集监控、决策、控制于一体，对全仓进行调配安排，充分发挥设备的集群效应，智慧运行所有环节。中央控制系统还运用可视化数据全程监控日日顺物流的所有智慧仓库、网点、干线班车线路、区域配送线路等环节的作业数据，全面覆盖货物的整个配送过程，更好地服务客户。

1.3 大数据在物流与供应链中的应用

1.3.1 大数据在物流中的应用

1. 大数据与物流管理的结合

如今，大数据正在与各行业融合发展，包括教育、医疗、制造业、零售行业等，影响着人们生活的方方面面。物流大数据是指运输、仓储、搬运、装卸、包装、流通、加工等物流环节中涉及的数据和信息，将所有货物流通的数据、物流快递公司、供求双方有机结合，形成一个巨大的即时信息平台。

大数据在物流管理中的应用涉及物流决策、物流企业行政管理、物流客户管理、物流预警等。

1）物流决策

物流决策涉及库存水平控制、配送路线选择、资源优化配置、竞争环境分析、合作伙伴选择等，大数据技术可以为这些决策提供数据支持。

在库存水平控制决策中，可以通过大数据技术分析特定时期与特定区域内物流供给量与需求量的变化情况，提前规划库存；在配送路线选择决策中，可以通过大数据技术分析路况、单量数、超时量等信息，规划最优的配送路线；在资源优化配置决策中，借助大数据技术可以从大量的基础数据中获得关键的决策信息，实现物流资源的优化配置；在竞争环境分析决策中，为了使利益最大化，可以通过大数据技术分析竞争对手的情况；在合作伙伴选择决策中，可以通过大数据技术对合作伙伴进行用户画像，以评价和选择最优合作伙伴。

2）物流企业行政管理

在物流企业行政管理中可以引入大数据技术进行管理资源整合，实现高效管理。采用科学的信息化管理系统，可以拓宽沟通渠道，改进和完善传统管理的结构和模式，提高管理组织的管理敏感程度。大数据技术可以简化数据信息的分析和保存流程，降低工作人员的工作时长，弥补人工管理中存在的管理不足。随着大数据和互联网信息技术的普遍推广及应用，工作局限被打破，通过大数据技术可以有效提高物流企业的管理效率，控制行政管理成本。

3）物流客户管理

在物流客户管理中，大数据技术可以通过用户画像，帮助企业实现客户满意度分析、客户忠诚度分析、客户需求分析等。

以客户投诉为例，客户投诉表达了客户对企业产品质量或服务的不满。妥善处理客户投诉可以及时发现并修正产品或服务中的失误，了解客户的真正需求，帮助企业建立和巩固自身形象。在处理客户投诉的过程中，对投诉数据的分析、挖掘和预测尤为重要。

传统数据分析以支持者为主导，严格按照支持者的需求进行统计，有一定的主观性，不能用来预测。大数据分析则可以分析数据自身以及数据与其他数据信息之间的关联，揭示因素与因素、因素与结果之间的相关性（即多因素分析），构建特定模型进行数据挖掘和预测，客观性和动态性较强。大数据技术颠覆了传统客户管理中的"因果论"，将关联分析引入客户管理中，认为客户关系是多因素作用的结果。

4）物流预警

物流业务具有突发性与随机性。随着电商行业快速发展以及市场不断快速扩大，物流的弹性越来越大，物流运输过程中的潜在风险也随之增多。大数据技术可以更好地预测物流高峰，使企业提前进行热销商品分析，进行货品调配和路线方案规划。结合大数据技术，可以对订单节点以及在途运输进行监控，为各项指标做出安全预警，为货品高效、安全地运送提供技术支撑。

在信息化时代，物流企业每天产生的各种数据信息是海量、多源、异构的，传统的管理技术与模式已经无法得到及时有效的分析结果来服务于现代物流管理。大数据技术强大的数据搜集、分析、挖掘和整理能力能够为信息化发展中的物流企业提供科学决策。

2. 大数据在物流行业中的应用

针对物流行业的特性，大数据的应用主要体现在车货匹配、运输路线优化、库存预测、设备修理预测等方面。

1）车货匹配

通过对运力进行大数据分析，可以科学匹配公共运力的标准化需求和专业运力的个性化需求。通过对货主、司机和任务的精准画像，可实现智能化定价，为司机智能推荐任务，并根据任务要求指派配送司机。

从客户方面来讲，大数据平台会根据任务要求，如车型、配送公里数、配送预计时长、附加服务等自动计算运力价格并匹配最符合要求的司机，司机接到任务后会按照客户的要求进行高质量服务。

从司机方面来讲，大数据平台可以根据司机的个人情况、服务质量、空闲时间自动匹配合适的任务，并进行智能化定价。基于大数据实现车货高效匹配，不仅能减少空驶带来的损耗，还能减少污染。

2）运输路线优化

运用大数据分析能为物流企业搭建起沟通的桥梁，最短化、最优化定制物流运输路径。例如，美国 UPS 公司使用大数据优化运输路线，可实时分析 20 万种可能路线，在 3 秒内找出最佳路径，使配送人员不需要自己思考运输路径是否最优。UPS 通过大数据分析，规定卡车在运输过程中尽量避免左转，所以 UPS 的司机宁愿绕个圈，也不往左转。根据往年的数据显示，执行了尽量避免左转的政策后，UPS 的货车在行驶路程减少 2.04 亿千米的前提下，多送出了 350000 件包裹。

3）库存预测

互联网技术和商业模式的改变直接带来了从生产者到顾客的供应渠道变化，这样的改变从时间和空间两个维度为物流行业创造新价值奠定了坚实的技术基础。

运用大数据分析商品品类，系统会自动分解用来促销和引流的商品。同时，系统会自动根据以往的销售数据进行建模和分析，以此判断当前商品的安全库存，并及时给予预警，而不再是根据往年的销售情况来预测当前的库存状况。总之，使用大数据技术可以降低库存量，从而提高资金利用率。

4）设备修理预测

如果运输车辆在路上抛锚，就需要再派一辆车，会造成延误和再装载负担，并消耗大量的人力、物力。美国 UPS 公司从 2000 年开始使用大数据技术监测有 60000 辆车的车队，这样能及时地进行防御性修理。以前，UPS 每两三年就会对车辆零件进行定时更换，但这种方法并不科学，因为不需要更新的零件也会被淘汰，从而造成浪费。通过大数据技术监测车辆的各个部位，UPS 如今只更新需要更换的零件，节省了好几百万美元。

1.3.2 大数据在供应链中的应用

1. 大数据环境下的供应链管理升级

企业供应链在经营及管理过程中运用大数据技术，能够及时了解市场变化，提高决策能力，对业务运营流程进行调整，加速自身发展。

随着研究的不断深入，人们对供应链有了更多、更深层次的了解。处于持续发展过程中的企业对供应链管理提出了更高的要求，通过大数据技术来提升供应链的核心竞争力是供应链管理优化与升级的关键，二者相辅相成，具体表现在以下两个方面。

1）供应链管理引入大数据

在互联网时代下，云计算得到普遍应用，企业逐渐认识到了大数据资源的价值，并在数据开发与应用领域展开布局。企业不仅注重对海量数据的获取，还会对数据进行分析和深度挖掘，从中提取有价值的信息，通过数据应用来完善自身内部结构，改革传统经营与管理方式，实现创新式发展，有效提高决策能力。由此可见，在企业经营与发展的过程中，大数据能够发挥极具价值的参考作用。

在企业的发展过程中，供应链结构会日渐完善，业务难度会逐渐提高，因此必须提升信息分析能力，谨慎选择合作伙伴，并对传统运作模式进行调整。为此，企业有必要在供应链管理过程中发挥大数据的作用，通过云计算技术完成对海量数据资源的快速处理，在实现成本控制的同时进行信息提取，助推业务运营与发展。

2）大数据升级供应链管理

企业对大数据的应用情况在很大程度上影响其发展。在供应链管理过程中发挥大数据的作用，能够使企业对采购、生产、营销、客户关系管理等各个环节的信息进行有效掌握，与供应商、分销商、消费者进行良好的信息互动。企业从整体上了解供应链的运营情况，可以对其中不必要的环节进行删减，从而降低企业的成本消耗，提高供应链的运营效率。

2. 大数据在供应链中的应用与价值

大数据的应用与价值体现在很多领域，其在供应链中的应用与价值如图 1-1 所示。

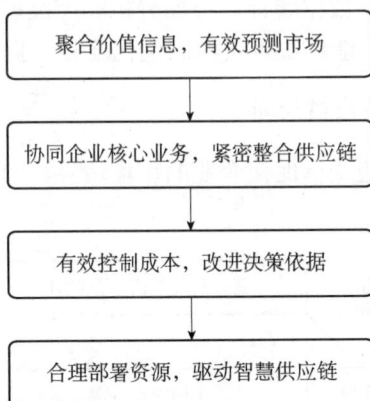

图 1-1　大数据在供应链中的应用与价值

1）聚合价值信息，有效预测市场

面对激烈的市场竞争，企业需要不断提升经营管理能力，才有可能从众多竞争者中脱颖而出。在进行市场开拓的过程中，企业要明确自身定位，对市场需求及其发展趋势进行有效把握。

通过应用大数据，企业能够对海量数据资源进行筛选、提取与整合利用，从而精准预测市场需求，并根据市场变化及时调整战略决策，及时抓住发展机遇。依据大数据分析的结果，企业能做好供应链上各个环节之间的科学配合与衔接，对现有流程进行调整，实现内部资源的充分和合理利用,进而扩大利润空间,并加速整个供应链的科学运转。

2)协同企业核心业务,紧密整合供应链

在具体实施过程中,企业要先对供应链上各个环节的核心业务进行准确定位。例如,产品研发与设计是研发环节的主导业务;与供应商进行合作、引进原材料是供应环节的主导业务;产品制造与相关流程控制是生产环节的主导业务;把握市场需求是销售环节的主导业务;库存管理及配送是物流环节的主导业务;维护客户关系是客户管理环节的主导业务等。

在运营过程中,企业需要利用大数据技术加速各个环节的运转,通过获取数据、制订生产计划、调控物流运转、加强客户沟通等方式,灵活应对外部市场环境的变化,加强供应链各个环节之间的联系,发挥整体的协同效应。

3)有效控制成本,改进决策依据

在供应链管理的过程中,结合大数据分析,企业能够全方位地了解当前的市场发展情况,减少资源浪费,节约总体成本。

在传统模式下,企业只能根据历史数据或主观经验进行判断,如今,企业可在大数据分析的基础上做出更加科学的评估。另外,大数据平台能够提高企业信息资源的开放程度,使企业根据市场需求提供相应的产品,降低企业承担的风险。

4)合理部署资源,驱动智慧供应链

随着行业的发展,供应链包含的内容越来越丰富,供应链管理的难度不断提高,管理过程中产生的数据也不断增多。为了能够在激烈的市场竞争中占据优势地位,企业应该对供应链各环节的信息进行科学整合和合理布局,加强供应链上下游之间的沟通与协作。为此,企业要将大数据技术与互联网技术结合起来,从海量信息资源中提取出核心数据,体现供应链管理的独特优势。

通过建立智慧数据库,涵盖数据统计、市场分析、产品研发、库存管理、渠道选择、客户信息追踪、风险管控等方面,能够实现资源的优化配置,提高供应链的智能化水平。

3. 大数据驱动下的企业供应链变革

大数据驱动下的企业供应链变革促使企业的市场边界、商业模式、运作模式、业务组合得以彻底改变,如图 1-2 所示。

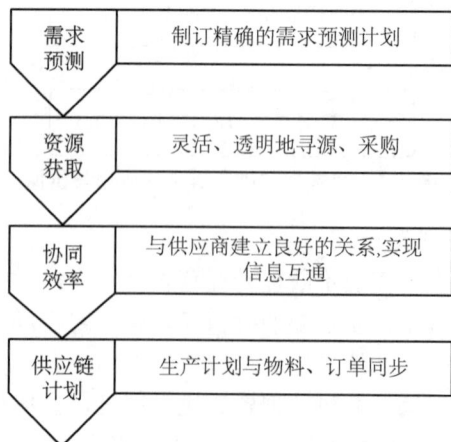

图 1-2　大数据驱动下的企业供应链变革

1）需求预测：制订精确的需求预测计划

对于整个供应链来说，需求预测是源头，能将整个市场需求的波动情况反映出来。预测的灵敏度与库存策略、生产安排、订单交付率密切相关，一旦出现缺货或脱销等情况，企业将蒙受巨大损失。企业要想制订精确的需求预测计划，就必须借助大数据分析预测方法与模型，并将其与历史需求数据、安全库存数据相结合进行分析。

以汽车行业为例，基于大数据分析平台进行精准预测，对出售、保修等信息进行收集，从设计研发、需求预测、生产制造、售后市场、物流管理等环节进行优化，能显著提升效率，带给客户优质的体验。

2）资源获取：灵活、透明地寻源、采购

为满足开发新产品、降低产品生产成本等方面的需求，企业要寻求新的合格供应商。同时，企业要对供应商绩效进行评估，对合同进行管理，让采购过程更加标准、规范、透明，从而降低成本。

3）协同效率：与供应商建立良好的关系，实现信息互通

供应商与制造商之间存在着不信任成本，要消除这项成本，就必须构建良好的供应商关系。随着合作性策略模式（VMI）运作机制的构建，供应商与制造商之间能够互通需求信息和库存信息，缺货情况的发生概率和由此产生的生产损失都将不断减少。

在当前全球化、多组织运作的环境下，对市场需求做出快速、准确的反应十分关键。在某种程度上，订单处理速度真实反映了供应链的运作效率。

4）供应链计划：生产计划与物料、订单同步

一个科学有效的供应链计划系统是企业所有计划与决策集成的结果，包括库存计划、设备管理、需求预测、资源配置、生产作业计划、采购计划、物流需求等。企业要以各个工厂的产能情况为依据制订生产计划与排程，保证生产过程（包括物料供应的分解与生产订单的拆分）有序进行。在这个环节中，企业要对订单、库存、产能、调度、成本之间的关系进行有效平衡，借助大数据技术构建模型，解决生产及供应问题，具体包括以下五方面内容。

（1）库存优化

运用大数据技术进行科学分析与预测，在科学补货及库存协调机制的作用下，可以消除过剩库存，显著降低库存持有成本。在这种情况下，企业要从需求变动、最大库存设置、安全库存水平、采购提前期、采购订购批量、采购变动等方面进行综合考虑，对库存结构进行优化，科学设置库存水平。京东的库存系统就是大数据技术在库存优化中的典型应用。

（2）物流效率

企业可以建立高效的物流运输及配送中心，利用大数据技术对运输管理、道路运力资源管理进行科学分析。运用大数据技术构建模型对货物进行优化调度、合理规划并用来选择、管理外包承运商，能够提升自身应对物流运输风险的能力，优化运作方式，提升服务质量。

（3）情景分析和动态成本优化

企业从供应链角度，运用多维数据分析对投资扩建的成本和产能做出的分析更加直观、科学、合理、多维。运用大数据技术进行科学的情景分析，并构建动态的成本优化模型对配送路径进行优化整合，能够合理规划配送路径，降低配送成本，并对成本的动态变化进行监控。

（4）差异化的供应链管理

不同企业的管理各不相同，供应链管理更是如此。例如，汽车行业供应链管理的重点是准时上线与分销环节；饮料行业供应链管理的重点是冷链及配送环节；服装行业供应链管理的重点是降低库存及季节性销售；电子行业供应链管理的重点是零部件供应商管理；医药供应管理的重点是药品库存与运输安全。差异化的供应链管理需要多源数据支持和与之匹配的大数据技术支撑，才能实现科学决策。

（5）风险预警

风险预警是大数据技术应用的重要领域，包括对设备运营状况进行科学判断、对故障发生时间与概率进行精确预测、根据预测结果实现设备维护的风险防控、生产安全保证等。

通过大数据技术能够对潜在的风险予以预测，从而使企业在问题出现之前制订好解决方案，规避经营风险，实现基于数据驱动的质量风险控制。例如，上海宝钢的生产线流水化作业通过生产线上安装的传感器获取海量数据，运用感知大数据技术对这些数据进行科学分析，可以科学控制产品质量并提前预警。

未来，供应链的各个环节都将应用大数据技术开展科学决策。通过大数据的应用，企业可全面掌控供应链的各个环节，对库存量、订单完成率、物料及配送情况进行明确把握。

案例 1-3

亚马逊借助大数据技术，实现"神奇物流"

物流方面的短板是电商行业迅速发展的痛点，这就是阿里巴巴早在 2010 年就开始布局电商物流系统的原因，也是京东即使"赔钱"也要自建物流系统的原因。

作为全球知名企业，亚马逊当然看清了电商的巨大潜力和物流短板的限制，早在 10 多年前，就开始着手打造自有物流系统。截至 2020 年，亚马逊在全世界拥有 112 个标准化的物流运营中心，仅在中国就有 15 个。亚马逊对中国用户的承诺是：有条件的地区当日到达，相对偏远和交通不太发达的地区"次日必达"。

早在 20 世纪 90 年代末，亚马逊的创始人杰夫·贝索斯就开始布局亚马逊（中国）物流智能系统，基础设施建设、物流高科技设备、智慧供应链等都是造就亚马逊"神奇物流"的基础，如图 1-3 所示。此外，亚马逊还与合作伙伴在全国建立自提点，包括便利店、学校和第三方物流等，这为亚马逊物流的快速到达提供了强有力的支撑。

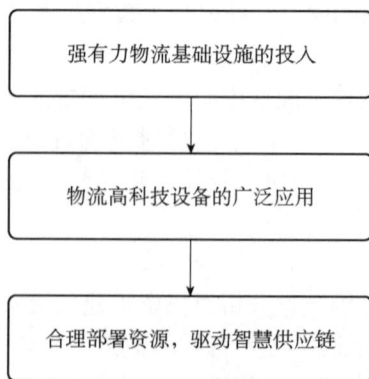

图 1-3　亚马逊"神奇物流"的基础

　　"双 11"期间货物的输送量是平时的 5 倍多，怎么保证货物送得出、送得准、送得快呢？亚马逊基于大数据技术，在每条运输线路上都预先准备了几倍运力，对所有运输车辆提前检修，甚至在出现其他特殊状况时都有完善的预案，真正实现了运输系统全网络、全过程、无盲点的可视化监控。

　　在调配环节，亚马逊也有独到之处。如果你在亚马逊运营中心的货架上看到尿不湿和杯子放在一起，不用惊讶，这是因为亚马逊制订了"节省每一寸空间，所有空隙都要拿货品填满"的摆放制度，同类货品可能会分散在不同的货架上。不用担心亚马逊的工作人员会找不到这些货品，因为他们每个人手上都有一台大数据技术支持的手提智能识读机，工作人员只要从通道上走过，用智能识读机一扫，存货数量、货品品类等信息都会显示在屏幕上。亚马逊的先进系统还会在高峰期根据货品形状进行货架设计，自动发出整理货物的提示，大数据系统可以清晰地显示哪里有空隙、哪里还有多余的空间等。

　　在出货管理环节，强大的大数据运算系统起到了关键作用。在接到订单信息后，独立运作的计算机系统会自动算出多达上百种可能的交付路径，并为用户计算最快的交付时间。为了能够精准、快速地配送，亚马逊通过智能物流系统定义客户的收货地址，找到离用户最近的配送中心，选择最佳的运输路径，并推荐最合适的快递员数量。

本 章 小 结

　　目前，大数据技术涉及大数据采集、大数据存储与管理、大数据计算模式与系统、大数据分析与挖掘等方面。针对物流行业的特性，大数据的应用主要体现在车货匹配、运输路线优化、库存预测、设备修理预测等方面。在供应链管理过程中发挥大数据的作用，能够使企业对原料采购、生产、营销、客户关系管理等各个环节的信息进行有效掌握，与供应商、分销商、消费者进行良好的信息互动。

关 键 概 念

大数据技术　Big Data Technology

大数据存储　Big Data Storage

大数据分析与挖掘　Big Data Analytics and Mining

思 考 题

1. 大数据技术是如何应用于物流管理领域的？
2. 大数据在物流决策中的主要作用是什么？
3. 大数据在供应链中的应用与价值是什么？

| 第二章 |

物流大数据与人工智能

学习目的

　　通过本章学习，掌握人工智能技术的基本概念及其发展历史；理解人工智能技术在物流大数据（包括供应商管理、仓储管理、运输管理、配送管理、客户管理）和供应链大数据（包括供应链需求预测、图像识别、仓储作业规划、仓配网络及路由规划、销配送、运营规则管理）中的应用。

2.1　人工智能技术概述

　　1956 年，在达特茅斯学院举办的一次会议上，计算机专家约翰·麦卡锡提出了"人工智能"一词，这被人们看作是人工智能正式诞生的标志。

　　人工智能技术是现代科技发展的新兴前沿科学技术。简单来说，人工智能技术就是模拟人类大脑，利用计算机技术对系统进行操作控制，并做出相应指令，实现智能化操控和管理。人工智能技术是整个社会进步发展的必然趋势，其优越性不仅表现在能够帮助人类完成智能操作机械设备，还表现在能帮助人类完成超越其能力范围的操作技术，极大地减少资源浪费，降低生产成本，提高生产和工作效率。

　　人工智能技术已经在航空航天、能源开发、医疗卫生、电力系统等众多领域得到广泛运用。一般来说，人工智能技术包括以下六种。

　　1. 机器学习

　　机器学习是一门涉及统计学、系统辨识、逼近理论、神经网络、优化理论、计算机科学、脑科学等诸多领域的交叉学科，主要研究计算机怎样模拟或实现人类的学习行为，以获取新的知识或技能。重新组织已有的知识结构使之不断改善自身的性能，是机器学习的核心。基于数据的机器学习是现代人工智能技术中的重要方法之一，主要从观测数据（样本）出发探寻规律，利用这些规律对未来数据或无法观测的数据进行预测。根据学习模式、学习方法以及算法的不同，机器学习存在不同的分类方法。

2. 知识图谱

知识图谱本质上是结构化的语义知识库，是一种由节点和边组成的图数据结构，以符号形式描述物理世界中的概念及其相互关系，其基本组成单位是"实体—关系—实体"三元组，以及实体及其相关的"属性—值"对。不同实体之间通过关系相互连接，构成网状的知识结构。在知识图谱中，节点表示现实世界的"实体"，边表示实体与实体之间的"关系"。通俗地讲，知识图谱就是把所有不同种类的信息连接在一起而得到的一个关系网络，从"关系"的角度去分析问题。

知识图谱可用于反欺诈、不一致性验证、组团欺诈等公共安全保障领域，需要用到异常分析、静态分析、动态分析等数据挖掘方法。知识图谱在搜索引擎、可视化展示、精准营销、专利分析、文献计量方面都具有很大的优势，已成为业界的热门工具。但是，知识图谱的发展还有很大挑战，例如数据错误和数据冗余等。随着知识图谱应用的不断深入，仍有一系列关键技术需要突破。

3. 自然语言处理

自然语言处理是计算机科学领域与人工智能领域的一个重要方向，主要研究能实现人与计算机之间用自然语言进行有效通信的各种理论和方法，涉及领域较多，主要包括机器翻译、机器阅读理解和问答系统等。机器翻译、智能客服、信息检索与过滤等在教育、医疗、司法、互联网等行业中得到了广泛应用。近年来，"预训练语言模型"和快速提升的算力将自然语言处理技术推向了新高度，使自然语言处理技术在某些领域达到甚至超越了人类语言的水平。

4. 人机交互

人机交互主要研究人和计算机之间的信息交换，包括人到计算机和计算机到人的信息交换，是人工智能领域重要的外围技术。人机交互是与认知心理学、人机工程学、多媒体技术、虚拟现实技术等密切相关的综合学科。传统的人与计算机之间的信息交换主要依靠交互设备进行，包括键盘、鼠标、操纵杆、眼动跟踪器、位置跟踪器、数据手套、压力笔等输入设备，以及打印机、绘图仪、显示器、头盔式显示器、音箱等输出设备。人机交互除了包括传统的基本交互和图形交互，还包括语音交互、情感交互、体感交互以及脑机交互等技术。

5. 语音识别

语音识别是让机器通过识别和理解过程把语音信号转变为相应的文本或命令的高新技术，主要包括特征提取技术、模式匹配准则以及模型训练技术三个方面。语音识别是人机交互的基础，主要解决"让机器听清楚人说什么"的难题。

人工智能目前应用最成功的就是语音识别技术，主要应用在车联网、智能翻译、智能家居、自动驾驶等领域。在语音识别领域，国内最具代表性的企业是科大讯飞，此外还有云知声、普强信息、声智科技、GMEMS通用微科技等初创企业。

6. 计算机视觉

计算机视觉是人工智能的一个重要领域，可训练计算机解释和理解视觉世界。借助摄像机和视频中的数字图像以及深度学习模型，机器可以准确地识别和分类对象，对它们"看到的"信息做出反应。大量数字信息的产生，为计算机视觉技术的发展提供了先决条件，使计算机视觉技术拥有人眼所具有的识别、测量、分割等功能。

案例2-1

多维多类大数据的航线可视化系统

1. 案例背景

以某大型航运企业上海公司为例，该公司的 CARGO 系统至今已使用了 10 余年，承担着公司重要业务的运作。随着公司业务量逐年增加，CARGO 系统出现运算能力不足、内存资源不足等问题，再加上硬件设备老化严重、硬件维护成本高昂，使公司的业务运作产生了很大风险。

2. 原系统架构

该航运公司原业务系统主要分为数据库层和应用层。数据库层由多台小型机和存储环境组建而成，有 4 套 Oracle 9i 数据库运行于 IBM Power 系列小型机环境；应用层由多台 X86 服务器组成，操作系统为 Windows Server 2003 和 Linux AS4。

3. 系统虚拟化改造

原业务系统架构是基于 IBM 小型机平台，利用 AIX HA 互备机制所搭建的高冗余系统。考虑到该业务系统的重要性和高冗余性，利用 Linux 环境和 VMware HA 机制替代原有架构，并构建独立的基础设施即服务层。

鉴于业务系统部署情况的特殊性，该航运公司拟定了一套具有较强针对性的实施和切换方案。该方案的核心是对原有 CARGO 系统中各个子系统和业务模块进行克隆，将其集中部署在新构建的 IaaS 基础云平台上，通过对各子系统和各项业务进行全方位的功能测试及压力测试，评估云平台的系统性能指标，并逐个调整优化，在达到预期使用效果后，进行整体系统的正式切换。

考虑到该航运公司 CARGO 系统的数据量较为庞大，在正式切换前，利用 SharePlex 异地同步复制等人工智能技术进行生产库的准实时数据同步，避免在数据迁移时造成长时间停机。

4. 前后对比

目前，该航运公司运用人工智能技术，已顺利完成其核心业务系统的虚拟化迁移和改造。新系统运行稳定，用户使用效果良好。同时，"云计算"虚拟化平台的统一管理也带来了前所未有的便捷服务，每年节省了 100 多万元的系统运维成本。

2.2　人工智能技术在物流大数据中的应用

2.2.1　基于人工智能技术的供应商管理

供应商是生产加工型企业或电商企业的供货者，智慧采购系统、智能质检系统、智慧财务系统等能够高效提升供应链环节的效率，降低运行成本。

1. 智慧采购系统

智慧采购系统能结合图像识别技术和大数据分析与深度学习技术，分析历史采购信息并挖掘其中的深层逻辑，形成科学的采购决策，做到适量采购、适时采购。

智慧采购系统还能配合供应链中各实体的业务重构，使操作流程和信息系统紧密配合，做到各环节无缝连接，形成物流、信息流、单证流、商流和资金流"五流合一"的领先模式。

2. 智能质检系统

智能质检系统即通过语音识别技术将语音数据自动转换为文本数据，然后通过自然语言处理技术分析每句话的内容，输入质检模型，得出客服打分，这样就能全过程质检每一通电话和每一段语音。智能质检系统可以全面覆盖客服人员与客户的每一次对话，无一遗漏。依靠云计算与人工智能技术，智能质检系统可以实现语音数据自动化质检，同时还可以针对不同的客服人员制订有针对性的培训提升计划，从而帮助客服人员更好地完成工作，提高工作效率。

除此之外，智能质检系统还可以有效地管理客户服务质量，并对其进行监督，从而增强客服质检的力度、深度以及广度，提升客户服务水平，提高客户满意度，降低客户投诉率。企业使用智能质检系统后，可以自动对客服与客户的对话内容进行分析，从而节省人力成本。

3. 智慧财务系统

图像识别与深度学习结合可以显著提升报表处理效率，降低出错率。大数据和云计算技术能从海量数据中提取少量的高价值信息，进行数据挖掘与模型分析，并进行风险评估，避免一些潜在的财务风险。

人工智能技术以海量数据为基础进行反复深度学习，为企业提供更好的财务服务和决策支持，人机交互让复杂的财务数据以自然语言等形式随时随地展现。

2.2.2 基于人工智能技术的仓储管理

1. 需求预测

人工智能的主要优点是对客户需求的精准预测分析，将人工智能整合到物流中可以让制造商和零售商深入了解消费者的需求。零售商能够了解特定时间或地区对特定商品的需求，并基于此进行采购，来自零售商的数据也能帮助供应链中的其他实体重新定义库存。人工智能技术收集汇总的海量数据让其有了更准确的需求预测，托运人可以优化库存管理、分派和劳动力计划，从而提升服务水平。

2. 仓储自动化

由于当前全球形势，供应链非接触式流程需求不断增加，推动了高级自动化业务流程的发展。自动化带来高效的资源分配，使劳动力能够做更多有价值的活动，而不是手工琐事。深度学习进一步促进了机器人学习，使机器人能够在部署的场景中自主地做出活动决定，智能分拣系统就是人工智能技术在仓储自动化管理中的应用之一。

智能分拣系统包括无人搬运车、智能分拣车、传送带等运输设备，以及路径规划、机器视觉等技术。大数据挖掘、大数据分析等技术能够更合理地拆分与合并订单，并与仓储设备、运输设备和人员形成联动，实现更高效的订单拣选，使运输设备更加智能，无人运输更加安全、高效。

3. 智能计算机视觉

利用图像采集设备，能够实现机器与人眼的互动，对仓储物料设备进行图像化管理，自动识别流转物料的缺陷问题和基本信息。智能计算机视觉技术能提供智能检索、质量检验等功能，有效解决目前单独依赖 RFID 技术对人员能力要求较高、工作量大、标签整体成本投入高、不能有效管控出入库物资设备质量等问题。智能计算机视觉技术将智能仓储图像识别系统与 RFID 技术相结合，能提升出入库仓储物料的质量，为仓储管理降本增效提供技术支撑。

2.2.3　基于人工智能技术的运输管理

1. 自动驾驶技术

自动驾驶和半自动驾驶汽车已经驶入现实交通场景，从优步的自动驾驶汽车到特斯拉的电动半挂卡车，自动驾驶汽车正迅速成为未来的发展潮流。人工智能使卡车能够感知它们的位置和周围的物体，从而以适当的速度和方向行驶。日趋成熟的自动驾驶技术将彻底颠覆现有的公路运输体系，极大地提升公路运输效率。

2. 运输信息分析监管

运输信息的管理内容繁杂，包括发车前的任务下达和路线规划，行驶中的信息跟踪和应急调度，以及到达目的地后的盘点、卸货和车辆状况检查等。人工智能技术对信息的处理比人类更加科学高效，通过大数据分析能够为车辆的调度机制提供更加实时、科学、可靠的方案。设备寿命管理能够系统性地监测车辆状态，及时警报提醒，降低故障发生率。传感器与大数据分析结合能够更好地监测运输过程中的货物状态和司机行为，为保质保量的运输提供全方位、全过程的监管。

2.2.4　基于人工智能技术的配送管理

配送作为快递行业的"最后一公里"，面对的情景非常复杂。农村地区和城市地区的配送环境不同，不同城市的配送路径不同，学校、商业区、住宅区的配送场景也不同，采用智能配送设备和方案，能够提高快递服务业"最后一公里"的服务质量和服务效率。

随着无人驾驶等技术不断成熟，未来的配送环节将变得更加快捷和高效。通过实时跟踪交通信息，及时调整、优化运输路径，可使配送时间更精准、配送流程更快捷。

1. 配送机器人

配送机器人可自动生成合理的配送路线，并在途中避让车辆、过减速带、绕开障碍物等，到达配送机器人停靠点后，会及时向用户发送短信以通知收货。基于图像识别、数据分析的人工智能机器人能够辅助客户自助完成大部分的寄件和取件工作。

2. 无人机快递

利用无线电遥控设备和自备的程序控制装置，可以操纵无人驾驶的低空飞行器运载包裹到达目的地。无人机快递可以解决偏远地区的配送问题，在提高配送效率的同时有效减少人力成本。但无人机快递容易受恶劣天气和人为破坏的影响，目前尚未大范围使用。

基于自动驾驶的配送设备（车辆和其他辅助工具）适用于住宅区或农村地区等需要配送人员大量变换位置的配送场景，可以减轻配送人员的工作强度，提高配送效率。

2.2.5 基于人工智能技术的客户管理

管理和维护客户信息、刻画客户画像、提供个性化服务等都直接影响客户的使用体验和企业的服务质量。

1. 智慧订单系统

智慧订单系统立足于图像识别技术和大数据分析技术，能够更加高效地处理订单从下单至完成的全部流程，使信息更加实时准确。基于大数据分析和深度学习的智慧订单系统将为客户提供更精确的信息，提升客户的购物质量。电商平台可以利用智慧订单系统对客户进行分析定位，对不同的客户给予不同的标签式服务，用以增加客户黏性，提升店铺的留存率。

2. 智能客服系统

智能客服系统是基于语音识别、逻辑推理和语音生成的新技术，为客户提供售前咨询、售中管理、售后维护等服务，能够 24 小时不间断地为客户提供个性化咨询方案，减少企业客服人员数量，提高客服人员的服务质量。

另一方面，智能客服系统还可以降低企业的运营成本。在线的客服人员或者智能客服都可以无限增加而提高实时在线服务人数，这样就降低了传统电话交流或者其他方式交流所产生的成本，能让企业以更低的运营成本获得更高的回报。

案例2-2 ---

美团外卖骑手背后的 AI 技术

随着数字化时代的到来，外卖市场近年来发展非常迅猛。对外卖物流系统而言，配送效率和用户体验至关重要。实际配送过程是由配送员（骑手）最终完成的，因此，想要真正提升配送效率，不但要在智能调度系统（订单指派、路径规划、时间送达预估）上下功夫，还要不断提升配送员的"附加"能力，让他们越送越"熟"，越送越"顺"，越送越"快"。以此为出发点，美团的研发团队设计了骑手智能助手，全面提升骑手的各方面能力。

在配送层面，美团的研发团队涉及了智能助手、智慧物流、无人驾驶等多个维度，还通过"美团配送 AI"构建智慧物流，如图 2-1 所示，具体来说可分为两大部分。

"美团配送AI"构建智慧物流

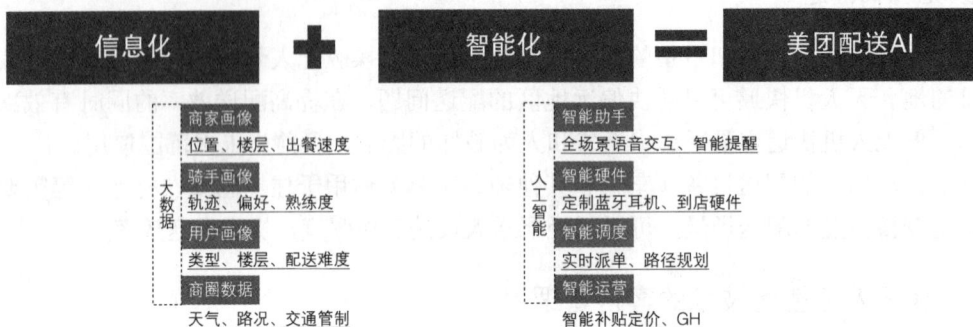

图 2-1　"美团配送 AI"构建智慧物流

第一部分是信息化，也就是数据采集。例如，系统要收集一个商圈的数据，这个商圈可能要精细到小区和楼宇级别，比如某栋楼在什么地方、某小区是否让骑手进来等；同时还要收集天气数据，比如风速、温度、是否有雾霾等情况。

第二部分是智能化，也就是构建一整套智能化模块，构成一个智能配送系统，覆盖配送的各个环节。

为了实现配送的全面智能化，美团做了大量的工作和尝试，不仅要做好机器学习，还包括如何进行更好地实时运筹优化、实时空间数据挖掘以及人机交互等多个方面的技术内容。

2.3　人工智能在供应链管理大数据中的应用

2.3.1　基于人工智能的供应链需求预测

如何提供有效预测并减少资源浪费是决策管理和人工智能技术需要共同面对的问题。在此过程中，管理人员的经验更多体现在模型的运用和影响因素的设计上，具体的预测和计算工作则交给人工智能完成。通过收集用户消费特征和商家历史销售数据，利用算法（例如线性预测模型、移动平均模型、ARIMA 模型、随机森林模型等）提前预测需求，可优化前置仓储与运输环节。

基于人工智能的供应链需求预测步骤具体如下。

1）理解预测的目标。所有预测都支持以目标为基础的决策，所以第一步就是明确识别这些决策的目标。

2）整合供应链的需求计划和预测。企业应当将供应链中的所有计划活动联系起来，如产能计划、促销计划等。

3）识别影响需求预测的主要因素。企业必须识别影响需求预测的一些需求、供给和产品相关的其他因素。

4）以科学的综合水平进行预测。既然综合预测比个别预测更为精确，那么在进行预测时选择科学的综合预测水平就变得非常重要，这里的综合预测水平涉及多因素影响机制的分析。

5）建立预测和误差衡量标准。企业必须确定明确的绩效衡量标准以评价预测的准确性和时效性，这些衡量标准应该与企业在预测基础上制订的商业决策目标密切相关。

现如今，许多企业开始借助人工智能技术进行供应链需求预测。京东借助人工智能技术，在很多供应链优化问题上已经实现了系统化操作，由系统自动给出优化建议，并与生产系统相连接，实现全流程自动化。

大数据预测技术起着至关重要的支撑作用。据估算，提升 1%的预测准确度可以节约数倍的运营成本。京东凭借所储存的庞大客户数据，利用客户大数据进行需求预测，进行自动补货、自动调拨、整体库存分析、库存量单位（SKU）备货等，在客户下单之前就将商品送到最近的仓库。基于此，京东进一步创建了库存健康系统和供应商罗盘。库存健康系统可利用客户数据模拟产品在未来某个时间点的库存量，并提前进行滞销、降价、退货等处理。供应商罗盘使得京东物流能够与供应商沟通，将补货建议和库存建议发给供应商，告诉供应商应当在哪个时间节点降价，配合降价需要针对哪些商品进行补货和促销等，从而大大节省了京东及其客户的运营成本。

2.3.2 基于人工智能的图像识别

为了编制模拟人类图像识别活动的计算机程序，人们提出了不同的图像识别模型。图像识别中的模式识别是一种从大量信息和数据出发，在专家经验和已有认识的基础上，利用计算机和数学推理的方法对形状、模式、曲线、数字、字符格式和图形完成自动识别和评价的过程。模式识别包括两个阶段，即学习阶段和实现阶段，前者是对样本进行特征选择并寻找分类规律，后者是根据分类规律对未知样本集进行分类和识别。这种模型强调图像必须与模板完全符合才能加以识别，而事实上人不仅能识别与脑中的模板完全一致的图像，也能识别与模板不完全一致的图像。

利用图像识别技术、地址库技术、卷积神经网络技术能显著提升手写运单的机器有效识别率和准确率，大幅度减少人工输单的工作量和差错率。通过分析商品数量、体积等基础数据，可对各环节如包装、运输车辆等进行智能调度。

通过人工智能摄像头和高精度传感器对厢内货物进行图像三维建模，可以保证货物运输状态全程可视化，并智能管控装车过程和进度。例如，智能挂车"数字货舱"V9 版搭载了业界首创的量方功能，采用传感器和人工智能算法，对厢内货物进行高精度扫描和三维图像建模，能自动计算出厢内容积占用百分比，实现精准装载。不仅如此，装载过程中哪里空、哪里满，都将以三维方式呈现，实现了货舱空间的合理利用，能时刻保证车辆真正满载。

2.3.3 基于人工智能的仓储作业规划

仓储作业是指从入库到发送出库的全过程，无人仓储是典型的基于人工智能的仓储作业规划，其在功能上必须具备作业无人化、运营数字化、决策智能化三个标准。在决策智能化方面，无人仓储要实现最优成本和最高效率，从而大幅度减轻人工成本。

"亚洲一号"是由京东研发的全球首座全流程无人仓库。在无人分拣仓的分拣车间里，

300 多个分拣机器人不断地以每秒 3 米的速度来回穿梭，分拣数十万个包裹。如果采用传统作业，主要靠人来识别每个包裹所含的信息，容错率很低，这还不包括人力本身在分拣包裹时所付出的体力损耗。利用物联网技术，可以将每一个包裹简化成一个包含信息的一级节点，每个分拣机器人代替人成为网络中的二级节点，二级节点只需要进行基础的地址和货物属性判定，完全可以由内部微处理器来完成。更关键的是，原本需要人力完成运送的环节，也可以由机器人来完成。每一个机器人将具备基础探测和识别功能，保证在数十、数百个机器人同时工作的时候不发生紊乱，这也是人力很难完成的。

2.3.4 基于人工智能的仓配网络及路由规划

仓配网络规划需要确定布局多少个仓库、仓库选址在哪里、拓扑结构怎么设置、每个仓库承担怎样的职能等，这些都会影响物流成本、服务时效、库存管控和客户体验。每个节点的变化都会牵一发而动全身，企业面临的形势也在不断变化，还存在季节和周期波动。

路由规划作为供应链管理的核心支撑，决定了企业的网络组织形式、服务质量和成本结构。受效益背反现象的影响，成本、时效、服务之间的平衡点需要一个全面、系统的规划进行统筹安排，这种规划就是路由规划。路由规划常用的基础模型是最短路径模型蚁群算法和最优方案模型遗传算法。

在仓配网络规划中，基于人工智能技术，利用历史数据、时效、覆盖范围等构建分析模型，通过充分优化与学习，可对仓储运输、配送网络进行优化布局。人工智能技术也可实现实时路由优化，在原来既定的运输网络中寻求一个最优的连接路径，使得出行顺序的组合达到最优，指导车辆采用最佳路由线路进行跨城运输与同城配送。

合理的运输路由设计可以使企业在保证服务质量的同时，实现运输过程费用少、中转少、速度快的目标。美团的实时智能配送系统是全球最大规模的多人多点实时智能配送调度系统，能够基于海量数据和人工智能算法，在消费者、骑手、商家三者中实现最优匹配，同时考虑是否顺路、天气、路况、预计送达时间、商家出餐时间等复杂因素，实现 30 分钟内准时送达。

2.3.5 基于人工智能的销配送

从采购上看，任何企业都离不开采购，采购是企业经营活动的起点。通过大数据将人工智能与传统的统计学方法相结合，根据供应链中的数据进行预测和补货，能够实现智能化、自动化补货。

从销售上看，可以运用运筹学和人工智能技术实现动态定价，同时考虑生命周期、促销方式等因素，让商家保持良好运营并有效控制库存。同时，可以利用人工智能技术构建科学合理的客户关系，帮助解决客户难题。当客户和商品的数据信息从零碎、不完整和不准确变为干净、准确、统一的客户档案时，销售的魔力开始流动。

从配送上看，通过大数据技术进行销量预测，结合自动补货系统，能够实现库房自动化备货，提高商品现货率，降低库存周转率，为用户提供高效卓越的购物体验。菜鸟网络平台通过人工智能技术和大规模机器学习处理海量数据，实现了智能分单。包裹发出时，就会对包裹要去往的网点做出精准的对应，并在面单上标识出编号，无须再由人工手写分单。包裹到达转运中心、网点以及配送站之后，工作人员根据编号即可判断包裹如何分配，分单准确率达到 99.99%，效率也得以提高。

2.3.6　基于人工智能的运营规则管理

未来，供应链管理将会通过机器学习使运营规则引擎具备自学习、自适应的能力，能够在感知业务条件后进行自主决策。例如，人工智能可对电商高峰期与常态下不同场景的订单依据商品品类等数据条件自主设置订单生产方式、交付时效、运费、异常订单处理等运营规则，实现人工智能处理。

利用机器学习等技术可以自动识别场院内外的人、物、设备、车的状态，并学习优秀的管理和操作人员的指挥调度经验和决策等，逐步实现辅助决策和自动决策。

案例2-3

"智慧港口"生产作业链的全信息溯源和辅助决策系统

按照联合国贸易和发展会议对港口发展的定义和阶段划分，港口的发展一共经历了四个阶段。第一代港口具备船舶靠泊和货物装卸两个基本功能。第二代港口在第一代港口的基础上增加了一些商贸和专业化功能，码头可分为集装箱码头、原油码头、散杂货码头等专业化码头。第三代港口在第二代港口的基础上增加了物流和金融方面的功能。第四代港口从 21 世纪开始，在物流基础上，不把港口简单看成一个物流中心，而是把港口看作供应链上的一个节点。"智慧港口"就是对第四代港口的形象化描述，其建设目标是实现港口物流服务和管理智能化，建立港口生产作业链的全信息溯源和辅助决策系统。"智慧港口"系统主要实现以下六个功能。

1）实现港口物流服务电子化、网络化、无纸化和自动化，降低港口物流服务成本，提高物流服务效率和港口经济效益。

2）实现港口与货运公司、铁路、公路、场站、货代、仓储等港口相关物流服务企业的无缝连接，通过物流信息平台实现信息集成和共享，优化物流供应链管理，提高物流服务水平。

3）提高港口管理和决策水平，实现信息自动化采集、存储和加工，优化港口物流流程，提高港口物流服务质量。

4）实现港口与海关、海事、商检等口岸单位的信息一体化，提高"大通关"效率和口岸部门服务水平。

5）搭建港口物流市场信息服务平台，拓展港口物流市场交易、金融、保险等配套服务功能。

6）实现港口物流信息资源的整合，为实施智能港口和智能交通系统规划提供支持。

根据现代港口运作模式，将基于物联网技术和人工智能技术的"智慧港口"系统分为以下五个层面。

1）采集层包括港区内的作业设备及相应作业区域内的条码识读器、RFID 读写器、摄像机和传感器等，主要作用是感知和识别物体并采集和捕获信息。

2）传输层通过无线网络接入物联网管理中心和物联网信息中心。

3）数据处理层对海量信息进行智能处理。

4）业务层将物联网技术与智能港口的需求相结合，提供港口智能化应用的解决方案，包括港口客户服务系统、港口生产管理系统、港口运营管理系统等。业务层最终实现人工智能技术与智能港口的深度融合，是"智慧港口"系统的核心层次。

5）呈现层适用于港口工作人员或企业用户的终端设备或手机设备，是实现"智慧港口"与人交流的层次。

"智慧港口"系统服务的主体是客户，按照实现"高效率、高安全性、高品质服务"的新一代运输模式要求，"智慧港口"系统必须最大限度地为客户提供港口物流信息服务。"智慧港口"系统的功能模块如图 2-2 所示。

1）客户服务系统通过港口物流信息平台实现与客户的联系和交流，提供港口基本信息资料、客户服务指南、港口业务流程介绍、业务手续申请办理等信息。

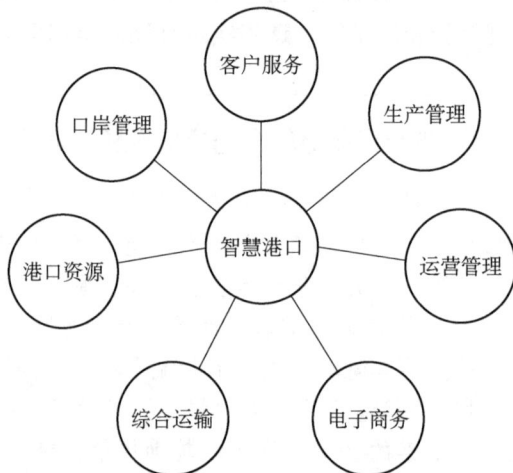

图 2-2 "智慧港口"系统的功能模块

2）生产管理系统通过内部网络与港口内部各业务管理软件交换数据信息，进行生产调度、组织和指挥，并通过视频监控技术和人工智能技术对作业过程实现自动可视化监控。

3）运营管理系统进行港口运营管理决策，包括市场管理、货运管理、配送管理、客户管理、安全管理、财务与结算管理、自动化办公系统等。该系统支持与考勤系统和安防系统对接，通过电子标签、摄像机等设备为管理提供基础数据；同时可以通过人脸识别、轨迹跟踪智能分析、视频移动侦测等多种人工智能技术，配合广播、报警器等设备为安全管理提供保障。

4）电子商务系统通过互联网实现客户与港口物流相关的商务活动及其他业务。该系统支持与其他电子商务平台、船舶信息系统、拖车信息系统、仓库及物流公司等相关系统对接，实现信息共享。企业可以通过电子商务系统发布和更新业务信息，客户和港口可以根据实际情况选择相关服务。

5）综合运输系统通过与其他交通系统对接业务数据，解决水运与公路、铁路、航空等交通方式之间进行多式联运和水运中转的业务管理和决策，减少中转申办手续和环节，实现物流大数据共享。

6）港口资源系统通过港口内部信息网和港口、航道视频监控、船舶定位导航、GIS 电子地图等技术，建立资源管理基础数据图文库，实现资源智能管理。该系统还可以通过电子地图、视频等方式呈现港口、航道和船舶行驶情况。

7）口岸管理系统通过 GPS 定位通信、RFID 技术、人脸识别、视频移动侦测、轨迹跟踪等多种人工智能技术对进出港口的车辆和人员进行管理，实现智能闸口功能。该系统还可为海关提供统一的口岸物流信息，实现港口物流信息平台与海关通关 EDI 申报系统信息共享，实现"大通关"服务一体化，优化或减少港口与海关之间的业务流程手续，提高效率。

本 章 小 结

本章主要介绍了人工智能技术及其应用于物流大数据和供应链管理大数据领域的相关知识。对于人工智能技术在物流大数据领域的应用，本章主要介绍了供应商管理、仓储管理、运输管理、配送管理和客户管理等方面；对于人工智能技术在供应链管理大数据领域的应用，本章主要介绍了供应链需求预测、图像识别、仓储作业规划、仓配网络及路由规划、销配送和运营规则管理等方面。

关 键 概 念

人工智能技术　Artificial Intelligence Technology
机器学习　Machine Learning
自然语言处理　Natural Language Processing

思 考 题

1. 一般来说，人工智能技术包括哪些方面？
2. 人工智能技术在物流大数据领域有哪些应用？
3. 人工智能技术在供应链管理大数据领域有哪些应用？
4. 在日常生活和学习中，人工智能技术还能应用于供应链管理大数据的哪些方面？

| 第三章 |

物流大数据与云计算

学习目的

　　通过本章学习，了解云计算的概念与特点；掌握云计算的框架结构、作用及关键技术；理解云物流的概念、特点及在物流大数据中的应用；熟悉云计算在供应链管理大数据中的应用。

3.1　云计算概述

3.1.1　云计算的概念与特点

1. 云计算的概念

　　随着计算机技术的不断发展，云计算已经成为推动社会生产力变革的新生力量。业界对云计算的定义尚未统一，云计算行业的领先巨头谷歌、微软等 IT 厂商及研究机构基于不同的研究视角对云计算给予了不同的定义和理解。

　　1）谷歌对云计算的定义是：将所有的计算和应用放置在"云"中，终端设备不需要安装任何软件，通过互联网来分享程序和服务（2006 年 8 月）。

　　2）IBM 对云计算的定义是：用户通过互联网按需访问服务商提供的硬件或软件，从而获取与地域无关的计算资源，并根据使用情况付费（2007 年 11 月）。

　　3）微软对云计算的定义是：计算资源是分散分布的，部分资源放在云上，部分资源放在用户终端，部分资源放在合作伙伴处，最终由用户选择合理的计算机资源（2008 年 10 月）。

　　4）维基百科对云计算的最新定义是：云计算是一种基于互联网的计算方式，通过这种方式，共享的软硬件资源和信息可以按需求提供给计算机各种终端和其他设备。

2. 云计算系统的特点

　　为了将云计算更方便地匹配到现实世界的 IT 架构中，美国国家标准与技术研究院提出了一个定义云计算的标准，即一个标准的云计算系统需要五个基本特征，分别是广泛的网络访问方式、按需自助服务、资源池、灵活调度和可计量的服务，通过这五个特征能够快速地将云计算系统与传统计算机系统区分开来。

1）广泛的网络访问方式

客户可以通过各种网络渠道，使用多种多样的客户端，以统一标准的机制（如相同的应用程序界面、浏览器等）获取服务。

2）按需自助服务

客户可以根据需要方便地获取如服务器时间和网络存储等计算资源，不需要与服务供应商进行人工交互，从而获得更加快捷、高效的体验。

3）资源池

供应商的计算资源可以整合为一个动态资源池，根据客户需求动态分配不同的物理和虚拟资源，以多租户模式服务所有的客户。客户一般不需要了解所使用资源的确切地理位置，但在需要的时候可以指定资源位置。

4）灵活调度

对客户来说，可以租用的资源看起来似乎是无限的，可在任何时间购买并占用任何数量的资源；对供应商来说，可以快速地添加新设备到资源池中，满足不断增长的需求。

5）可计量的服务

系统以不同的服务需求来计量资源的使用情况和定价，从而提高对资源的管控能力和资源的使用效率。整个系统资源可以通过监控和报表的方式对服务提供者和使用者透明化。

3. 云计算系统的优势

与传统的计算机系统相比，云计算系统具有以下优势。

1）大规模并行计算能力

云端强大且廉价的计算能力，可以提供传统计算系统或用户终端无法完成的计算服务。一般企业的私有云计算系统有成百上千台服务器，有的甚至有上百万台服务器。

2）数据量巨大且增速迅猛

在云计算环境下，人们既是信息的使用者，也是信息的创造者。随着互联网上的信息量剧增，数据不断创造价值，如何使用这些数据为人们提供更好的服务成为研究热点，大数据处理技术也应运而生。

3）虚拟化

虚拟化体现为资源虚拟化和应用虚拟化。云计算系统的部署环境和物理平台没有任何联系，通过虚拟平台进行管理，以完成对应用的扩展、迁移、备份等操作。

4）高可靠性

云计算系统通过数据多副本备份、计算节点同构可互换等措施保证高可靠性。如果单点服务器出现故障，可以通过虚拟化技术恢复应用，或利用动态扩展功能部署新的服务器进行计算。

5）通用性

云计算系统不针对特定的应用，同一个系统可以支持不同的应用运行。

6）高性价比

云计算系统的服务器能够兼容不同型号和规格，对物理资源的要求较低，用户可以使用廉价的服务器组成云，以减少成本和费用支出。

3.1.2　云计算的框架结构及作用

1. 云计算的概念模型

从云计算的概念可知，云计算包含了多层含义，其业务实现的概念模型由以下四部分组成。

1）用户的公共性

云计算面向各类用户，包括企业、政府、学术机构、个人等最终用户，也包括应用软件、中间件平台等"用户"。

中间件是一种独立的系统软件或服务程序，分布式应用软件借助中间件在不同技术之间共享资源。中间件位于客户机/服务器的操作系统之上，用于管理计算机资源和网络通信，是连接两个独立应用程序或独立系统的软件。

2）设备的多样性

云计算用于提供服务的设备是多样的，既包括各种规模的服务器、主机、存储设备，也包括各种类型的终端设备，如计算机、智能手机、智能传感器、RFID 设备等。

3）商业模式的服务性

云计算以服务的方式提供设备和应用，它的服务特性体现在两个方面，一是简化和标准的服务接口，二是按需计费的商业模式。

4）提供方式的灵活性

云计算既可以作为一种公用设施提供社会服务，即公有云；也可以作为企业信息化的集中计算平台来提供，即私有云。

2. 云计算的分层服务模式

深入剖析现有的云计算系统可知，云计算系统可以看作是一组服务的集合。虽然云计算的服务模式仍在不断进化，但业界普遍接受将云计算按照服务的提供方式划分为三个大类：软件即服务（Software as a Service，SaaS）、平台即服务（Platform as a Service，PaaS）和基础架构即服务（Infrastructure as a Service，IaaS）。三类云计算分别面对不同的需求，下面分别进行介绍。

1）软件即服务（SaaS）

位于最上层的 SaaS 为企业和需要软件应用的用户提供基于互联网的软件应用服务。SaaS 的目标是将一切业务运行的后台环境放入云端，通过一个瘦客户端①（如 Web 浏览器）向最终用户直接提供服务。最终用户按需向云端请求服务，本地无须维护任何基础架构或软件运行环境。

2）平台即服务（PaaS）

位于 SaaS 之下的 PaaS 为程序开发者提供应用程序部署与管理服务，主要包括并行程序设计和开发环境、结构化海量数据的分布式存储管理系统、海量数据分布式文件系统以及实现云计算的其他系统管理工具。

3）基础架构即服务（IaaS）

位于底层的 IaaS 为用户提供直接访问底层实体或虚拟的计算资源、存储资源和网络资

---

①　瘦客户端（Thin Client）指的是在客户端—服务器网络体系中的一个基本无须应用程序的计算哑终端。

源的服务。为了优化硬件资源的分配，IaaS 层引用虚拟化技术将服务器等计算平台同存储资源和网络资源打包。

3. 云计算的部署模式

1）公有云

公有云提供面向社会大众和公众群体的云计算服务，例如亚马逊云平台等。公有云一般规模较大，规模共享经济性较好，对可靠性、安全性的要求较高，但基础架构的组成往往比较复杂，并且难以保证数据的私密性。

2）私有云

私有云提供面向企业或组织内的云计算服务，例如政府机关、企事业单位、学校等内部使用的云平台。私有云可较好地解决数据私密性问题，如果企业对私密性要求极高，建设私有云将是一个必然的选择。

3）社区云

社区云提供面向社团组织内有共同目标和利益的用户群体的云计算服务，例如，美国国家航空航天局（NASA）的 Nebula 云平台为 NASA 的研究人员提供快速 IT 访问服务。

4）混合云

混合云是包含上述两种以上云计算类型的混合式平台。与单独的公有云、私有云或社区云相比，混合云具有更大的灵活性和可扩展性，能够更好地应对需求的快速变化。

3.1.3 云计算的关键技术

1. 体系结构

实现云计算需要创造一定的环境与条件，其体系结构必须具备以下关键特征：第一，系统必须智能化且具有自治能力，能在减少人工作业的前提下实现自动化处理平台的智能响应要求，因此云计算系统应内嵌自动化技术；第二，面对变化信号或需求信号，系统要有敏捷的反应能力，所以对云计算系统的架构有一定的敏捷要求；第三，随着服务级别和增长速度的快速变化，云计算同样面临巨大挑战，而内嵌集群化技术和虚拟化技术能够应对此类变化。

云计算系统的体系结构由用户界面、服务目录、管理系统、部署工具、监控和服务器集群组成，以下是各部分的功能描述。

1）用户界面主要用于传递信息，是双方互动的界面。

2）服务目录是提供用户选择的列表。

3）管理系统主要用于对应用价值较高的资源进行管理。

4）部署工具能够根据用户请求对资源进行有效部署与匹配。

5）监控主要对系统上的资源进行管理与控制并制定措施。

6）服务器集群包括虚拟服务器与物理服务器，隶属于管理系统。

2. 资源监控

云计算系统上的资源数据十分庞大，资源信息更新速度快。想要得到精准、可靠的动态信息，就需要确保信息的快捷性。云计算系统能够对动态信息进行有效部署，同时兼备资源监控功能，有利于对资源的负载和使用情况进行管理。

资源监控作为资源管理的"血液"，对整体系统性能起关键作用。一旦系统资源监控不到位，信息缺乏可靠性，其他子系统引用了错误的信息，必然对系统资源的分配造成不利影响。

在资源监控过程中，只要在各个云服务器上部署 Agent 代理程序便可进行配置与监管活动。例如，通过一个监控服务器连接各个云资源服务器，以周期为单位将资源的使用情况发送至数据库，由监视服务器综合数据库的有效信息对所有资源进行分析，可用于评估资源可用性，最大限度提高资源信息的有效性。

3. 自动化部署

科学进步的发展倾向于半自动化操作，即实现出厂即用或简易安装使用。计算资源的可用状态也发生转变，逐渐向自动化部署过渡。对云资源进行自动化部署指的是在脚本调节的基础上实现不同厂商对设备工具的自动配置，减少人机交互比例，提高应变效率，避免超负荷人工操作等现象发生，最终推进智能部署进程。

自动化部署是指通过自动安装与部署来实现计算资源由原始状态变成可用状态，在计算中表现为能够划分、部署与安装虚拟资源池中的资源，为用户提供各类应用于服务的过程，包括存储、网络、软件以及硬件等。

数据模型与工作流引擎也是自动化部署管理工具的重要部分，不容小觑。一般情况下，对于数据模型的管理就是将具体的软硬件定义在数据模型当中。工作流引擎指的是触发、调用工作流，以提高智能化部署为目的，将不同的脚本流程在较为集中与重复使用率高的工作流数据库中应用，有利于减轻服务器的工作量。

案例 3-1
耐克的物流支持系统——实现高效管理库存和快速补货

2011 年，耐克中国物流中心在江苏太仓启用，这是耐克的全球第 7 个、中国第 2 个物流中心。当耐克在大中华区的年销售额达到 18.64 亿美元时，它最优先和最应该做的事情，不是营销和品牌强化，而是建立一个能够高效管理库存和快速补货的智能物流系统。

耐克太仓物流仓储中心的面积达到 20 万平方米，仅货品托盘就超过 10 万个，年吞吐能力超过 2.4 亿件次，可以同时满足 79 个集装箱货车装货。耐克借此实现了"发货只需要数小时"的目标，交货时间缩短了 15%。

耐克太仓物流仓储中心如同一个巨大的中央处理器，所有的货品分拣和管理都依赖于强大的云计算技术和大数据处理技术。每一件货品都被贴上了电子标签，仓储中心的员工都有一个手提式的电子标签识别器，只要对货品逐一进行扫描，就可以获取货品的所有信息，工人们利用这些信息来进行分拣和配送。通过专业的大数据分析与云计算，耐克实现了货品信息全球连接，每天都可以将完整的数据反馈给管理高层。为了处理好这些大数据，耐克配备了大量能够接收这些数据的计算机系统，其强大的数据处理能力与云计算技术几乎可以与全球最大的购物网站亚马逊媲美。

耐克太仓物流仓储中心的自动化仓储管理系统包括长达 9 千米的自动传送带、顺序拣货机及无线扫描仪等诸多技术与设备，这座仓库的货物吞吐能力、分配效率及处理能力都达到了全球最高水准。

耐克太仓物流仓储中心的物流配送流程是：接到订单→区分订单大小→货品配送。整箱的货品通过传送带送到二楼的分拣区，不足的数量由三楼的配送员和拣货员补足，经自动分拣机验货、装箱后运至一楼，再一次进行扫描核对，然后装车发货。

物流配送流程中最关键的一步是精准配送，例如在服装配送作业流程中，整箱的货品上面都贴有电子标签，所有标签的粘贴位置都有严格规定，以提高核对效率。从仓储区通过传送带的时候，操作员会通过电子标签识别器进行标签扫描，保证核对无误。在由传送带送至一楼的过程中，每隔几米远都有扫描设备对包装箱上的标签进行扫描并记录位置，这些记录又与物流中心的各功能区域相连，使货品可以快速传送至不同的功能区。当分拣有误时，传送带会将货品甩出传送带，进入特殊通道交由专人处理。

货品经过层层核对确认准确无误后，就交由一楼的分拣和打包环节，此时计算机系统会自动打印出一个标签，标签上会显示货品的型号和数量，甚至还能测算出体积和重量，打包人员可以通过这些信息确定包装箱的大小。

在装车发货之前，仓储管理系统会再次进行信息核对，根据订单的时间配送要求，通过不同的交通运输工具和多级物流信息处理系统，确保货物准确、及时、高效及最低成本地完成配送。

3.2　云计算在物流大数据中的应用

3.2.1　云计算平台

云计算不但能计算数据，还能计算信息，也就是说，云计算是被赋予了逻辑思维能力的智能平台。对物流行业来说，只要将物流各个环节的信息输入这个平台，平台就会对数据进行计算并根据计算结果得出最优的行动方案。

云计算像一个坐在云端的思考者，帮助人们去思考；又像一个有着庞大运算能力的"智库"，如果你需要咨询，就可以找这个"智库"帮你解决问题。智能物流信息化平台就相当于云计算平台，这个平台致力于打造跨行业、跨区域的物流信息共享和交换体系，逐渐实现区域内及全国物流园区、物流中心、配送中心以及物流企业间的横向整合，最大限度地优化配置资源，实现物流成本最小化。

我国正在加强公共物流平台的建设，这一平台将面向物流各环节开展全流程作业，引进第三方支付平台，为全国的物流企业提供网上配货、电子支付及在线保险等物流电子商务服务。云平台的搭建将会为整个物流行业注入新的活力，谷歌的创始人之一拉里·佩奇曾向人们描绘了这样一幅蓝图："未来的云计算平台会融合量子计算、生物计算，会与许多新的技术结合，包括已经诞生的具有大脑思维能力的神经元芯片，会使整个物流系统都具有智慧。所有子系统之间会实现无缝对接，所有设备都能够接入云计算平台端口，设备与设备之间都能直接对话，所有的用户都能够随心所欲地登录这一平台。"中国物流与采购联合会副会长崔忠付认为，物流公共信息平台的作用并不单纯是发布公共信息，还要为企业乃至终端用户提供电子交易、在线金融等多种形式的服务。

3.2.2 云物流及其特点

云物流是依托云计算并引入物流管理的现代物流模式，依托云计算的信息处理能力，实现物流信息共享及智能决策。

从业务角度看，云物流由服务提供端、服务平台以及服务请求端三个重要部分组成。服务提供端向服务平台提供各种异构的物流资源和物流服务如运输车队、仓储公司等。服务平台是以云计算和大数据为支撑的操作平台，它将服务提供端提供的物流资源进行整合，针对服务请求端提出的个性化服务需求在"资源池"中进行检索和匹配，通过信息配对达成共同意向，建立适合客户的个性化服务解决方案并进行物流云调度。服务平台能在服务过程中对服务质量进行管理和监控，为双方创造不断优化的服务质量和服务价值，降低物流产业链运营成本，提高物流运作效率。

与传统的物流模式相比，云物流模式具有以下特点。

1. 业务覆盖范围更广

传统的物流模式服务单一，具有分散及跨区域的特征，只能提供已经计划好的物流业务服务。云物流模式基于云计算的信息处理能力和平台的物流资源整合能力，可以充分利用平台中的所有资源，拓展物流企业的业务服务范围，满足消费者的个性化物流服务需求，实现物流信息共享。

2. 物流技术更高

在云物流模式中，云计算、大数据、云仓储、物联网等新型互联网技术相互融合，物流企业可以通过 GPS、RFID 等技术对运输过程进行实时监控。云物流平台也可以对物流服务业务进行全生命周期的监督管理，保证服务质量和信息安全。

3. 物流企业运作成本更低

云物流平台对数据资源的整合与共享可以减少市场信息的不对称问题，帮助物流企业优化配送路线。通过云物流平台，可以使多个物流企业协同完成同一物流业务，根据不同物流企业的布局减少物流转运环节，降低物流运输空载率，同时提高物流业务的运作效率。

采用云物流模式，可以将我国大部分规模较小、业务功能单一、信息能力弱的物流企业进行有效整合，解决服务同质化、物流布局不合理等问题。

3.2.3 云物流的应用

根据上文叙述，物流与云计算之间存在着紧密的联系，云物流实质上属于行业云的范围。如何高效地在物流行业应用云计算，使得云计算在物流甚至更为广泛的领域发挥积极作用，是当前面临的重大课题。

1. 云物流在快递行业中的应用

根据云物流在快递行业的应用情况，云物流发挥的积极作用主要反映在物流信息上。在实际运行过程中，首先需要建立行业云平台，集合行业私有信息，集中全球发货公司的海量货单。其次，需要对海量货单及其目的途径进行整合，最后传输给收件人。在此过程中，云物流合理整合了快递行业的收货、运送、配送的工作模式，完成了批量运输，在一定程度上改善了我国运输业长时间存在的半载或空驶难题，提升了企业运输效率，降低了运营成本。

2. 云物流在整个物流行业中的应用

站在经济角度看，物流有宏观和微观之分。宏观物流指的是涉及较广范围、较大工程量、经济作用较强的物流活动。宏观物流会对社会流通形成一定的影响，也会在一定程度上对国民经济造成影响。微观物流指的是范围较窄的物流业务。此外，还存在区域、特殊、企业、国际等类型的物流。

物流活动的组成部分包括包装、运输、仓储、加工、配送等环节。第三、四方物流出现之后，不断细化物流活动，完成物流业务专业化，增强了物流活动效率，这实际上是业务重构。因此，类似于快递行业，业务重构可以促进效率显著提高。

现阶段，物流行业的很多工作已经显示出了"云"的特征，例如运输监控、车辆配载等。通过云物流能够实现更加高效地采集车辆及货源信息，同时提前发布物流信息，提高物流配送效率。

案例3-2

"菜鸟网络"云平台

2013年5月28日，阿里巴巴、银泰和复星三家公司联合"三通一达"快递公司在深圳成立了菜鸟网络科技有限公司，计划用5~8年的时间，实现全国范围内的货物运送"当日到达"。菜鸟网络科技有限公司不是单纯地做快递或者物流，而是搭建一个连通货物运送、物流基础设施建设和智能物流系统的云平台。

"菜鸟网络"云平台是一个基于云计算的物流基础信息服务平台，能提供安全稳定的云设施环境，帮助快递企业和物流订单涉及的所有成员建立连接，并在此基础上提供多样化的智能产品。阿里云为"菜鸟网络"云平台提供基础设施支持，通过数据、仓储、配送等环节，把高铁、公路、水运等基础设施利用起来，让商业运转越来越快。

"菜鸟网络"云平台的智能骨干网络建设包括两方面，其一是在全国各大区域扩建节点和物流设施平台，建立物流运营中心和货物仓储中心；其二是通过大数据、云计算及物联网等新技术，提升物流企业的仓库利用率与配送效率，从而节约运作成本。目前，随着大数据、云计算及物联网等新技术的成熟，有望依托这个智能骨干网络打破电子商务物流的窘况。

真正的云计算依赖于IT基础设施的交付与使用。云计算服务已成为许多大型企业的核心竞争力之一，特别是在银行、保险等对安全性要求极高的行业。掌握数百亿量级的订单信息的快递行业，近年来正成为黑客们攻击的主要阵地之一。从2012年开始，全球数据泄露事件的数量整体呈现递增趋势，2021年泄露事件数量（5183件）比2019年（3886件）上涨33.3%，而2021年泄露记录数量（79.95亿）比2019年（37.66亿）上涨112%。近年来网络安全形势愈加严峻，启用云计算服务提升安全性也是大势所趋。

云计算可以实现对数据的掌控。从智能物流的发展趋势来看，谁掌控了物流数据，谁就掌控了整个物流。由于"云"的特殊容错性，物流行业可以采用廉价的节点来构建云平台。云平台的自动化、集中式管理使大量物流企业无须再承担日益高昂的数据中心管理成本，还使得资源的利用率较之传统系统得到大幅提升。

3.3　云计算在供应链管理大数据中的应用

在信息技术的助推下，如今的供应链已发展到智慧供应链阶段，逐步实现业务全流程数字化和网络化。新兴技术在供应链中的渗透日益增强，形成云计算、互联网、物联网、大数据、人工智能、5G 网络等在内的智慧供应链技术支撑体系。

传统供应链是由生产和流通过程中所涉及的供应商、制造商、分销商、零售商和客户组成的一个自下而上的网链结构，信息只在供应链的相邻节点之间流动。然而，整个供应链的管理环节是非常复杂的，生产型企业可能会充当原材料供应商、零部件供应商、终端制造商等供应链上中游的多种角色。传统企业内部管理系统过于封闭，主体之间无法进行实时共享，上游企业无法及时了解用户的真实需求，只能依据下游的企业来预判产量，最终造成库存大量积压、资金周转不灵、产品线无法及时调整等问题，制约着企业的发展。

在云计算模式下，所有的供应链节点通过云计算供应链平台进行连接，使供应链的信息传递方式由线性转变为非线性，能够实现跨级的信息实时共享、上下游交易可视化、交易全过程监控和管理等。

此外，云计算产业链（包括硬件设备制造商、云平台开发商、系统集成商、云应用开发商、云资源服务提供商、云平台服务提供商、云应用服务提供商、网络运营商、终端供应商和最终用户十大关键环节）的完善和成熟为企业转变发展模式提供了大力支持。企业通过云计算服务，无须配备网络基础设置及软硬件运作平台，不用在 IT 部门增加投入，前期投资少、部署速度快、实施周期短，有利于企业更快地实现信息化管理，提高管理效率，降低管理成本。基于云计算灵活调度、高可靠性、资源共享等特点，企业也能够方便地扩展其他功能或模块，不用担心数据会丢失、毁坏及泄露，还可以根据系统中的信息更快地做出决策并执行，及时把握住供应链中的商机。

在实际运营中，针对供应链中不同的业务场景，云厂商提供了不同的解决方案。例如，唯智供应链平台与在途监控配合，实现对订单全生命周期的实时可视化监控和全程跟踪定位，为顾客提供了物流混合云全面解决方案；SAP 公司基于 SAP Ariba 产品，帮助客户高效执行采购管理、战略寻源和供应商管理等；Infor 公司基于 Infor LN 产品，为业务复杂的制造企业提供 ERP 云解决方案，帮助企业在生产车间和整个供应链中集成财务运作、质量管理和订单管理等；阿里云结合区块链和物联网技术，通过区块链溯源服务平台，提供从品牌到商品的精细化溯源管理服务、多标识（如二维码、RFID、NFC 芯片）的全生命周期管理服务和基于扫码数据的客群洞察服务等。以下从两方面具体介绍云计算在供应链管理大数据中的应用。

1. 云存储与云仓储

云存储是在云计算技术上发展起来的一种新存储技术。云存储系统是以数据存储和管理为核心的云计算系统，用户可以将本地的资源上传至云端，可以在任何地方连入互联网来获取云端上的资源，谷歌、微软等大型网络公司均有云存储服务。

云存储向用户提供存储容器服务、备份服务、归档服务和记录管理服务等，方便使用者管理资源。传统的仓储物流已经慢慢被互联网大数据改变，以前的仓储物流仅仅为客户提供存储货物等低层次服务，在云仓储环境下，所有仓库的客户资源流通、货物进出、财务进账等信息都实现了云存储。基于这些信息，云仓储可以通过大数据计算分析得出客户货物的进出仓规律、销售规律、资金规律、现金流规律等，甚至也能反映出市场变化和行业兴衰规律。

2. 金融云与供应链金融

金融云是指利用云计算模型，将信息、金融和服务等功能分散到庞大分支机构组成的互联网"云"中，旨在为银行、保险和基金等金融机构提供互联网处理和运行服务，同时共享互联网资源，解决现有问题并且达到高效、低成本的目标。

运用大数据和云计算等技术，可以实现供应链企业间交易过程的实时数据化与可视化，提高信息透明度和风险评估的准确性，增强企业的风险管理能力。云计算实现了供应链各参与方的跨界连接，使供应链金融服务稳步嵌入交易、物流等各个流程环节中，与供应链交易和管理实现深度融合。

案例3-3 ‑‑

华为云——智慧物流行业解决方案

华为云是致力于提供专业公有云服务的品牌。基于华为自身供应链实践，华为云与物流客户、合作伙伴共同孵化了智慧物流行业解决方案，利用云计算、大数据、物联网和人工智能等数字化技术，打通生产、运输、仓储、分销等供应链环节，降低物流成本，提高物流效率，促进物流业务向数字化、智能化转型和升级。

针对目前物流行业仓储业务效率低下、自动化程度低、公路运输"小散乱差"、退货率高、难以追溯、物流多方信息不透明等痛点，华为云利用物联网技术智能识别出入库，实时感知仓内货物位置；通过云计算构建 AI 开发所需的大量算力，减少人工干预，提高物流运作效率；利用区块链技术实现货物运输监管和追溯，整合规范道路运输；构建统一的物流云平台，实现多方数据可视可信，促进物流行业的改进和创新。

具体而言，华为云基于丰富的云服务产品组合，结合客户的终端或应用，面向物流不同的领域和市场，提供了五种典型的端到端场景化解决方案，如表 3-1 所示。

表 3-1　五种典型的端到端场景化解决方案

网络货运平台	数字化仓储	智能配送管理	智慧物流园区	物流供应链可信
整合配置运输资源	信号全覆盖	OCR 文字识别	人员考勤及定位	物流全程跟踪
多环节互联互通	出入库管理	识别暴力分拣	车辆智能调度	运单电子化
全场景物流可视化	自动分拣	配送信息汇总分析	货物可视管理	供应链金融
专业物流服务能力	自动盘点	配送工作优化管理	园区安全风险管理	运输监管
精细化运营体系	定位追踪	智能外呼机器人	数据集成平台	物流征信

1. 网络货运平台解决方案

网络货运平台解决方案通过构建基于大数据的网络货运平台，整合配置运输资源，实现销售、采购、物流、仓储、质检、财务等环节的互联互通；通过物联网技术，实现全场景物流可视化，对车、货、司机进行实时监控和管理。同时，网络货运平台解决方案通过车货匹配、智能装箱、路径优化等服务，提升厂内运转和运力周转效率，构建专业物流服务能力和精细化运营体系。

2. 数字化仓储解决方案

数字化仓储解决方案通过将华为 RFID 接发器和接收器分布式地部署在仓内，达到信号全覆盖的目的，实现对资产的出入库管理、自动分拣、自动盘点和定位追踪，为客户实现透明化、自动化、智能化的资产管理，帮助企业提升工作效率和整合系统资源。

3. 智能配送管理解决方案

华为云将快递全流程归纳为四步：下单收件、运输中转、配送签收和售后服务，在这四个快递流程中通过提供 OCR 文字识别服务，实现身份证、电子面单、网络截图、纸质面单等信息的自动识别，提升自动化分拣效率。

智能配送管理解决方案能自动识别配送流程中分拣装卸出现的暴力分拣行为，规范现场作业，有效降低包裹损坏率；通过配送信息汇总分析，导入配送路径优化算法模型，实现对快递员的配送工作优化管理；通过智能外呼机器人，帮助企业做客户回访、预约服务、问卷调查等工作，节省客服人力。

4. 智慧物流园区解决方案

智慧物流园区解决方案围绕人、车、货、场四个方面进行全方位覆盖，结合大数据、车联网、云计算、AI 算法等技术，实现园区内人员考勤及定位、车辆智能调度、货物可视管理和园区安全风险管理等。

华为云构建多设备、多系统的数据集成平台，对接监控系统、物流应用系统、仓储设备等，支撑资源动态调配和异常处理，支撑高效决策。

5. 物流供应链可信解决方案

华为云基于区块链技术，打造物流供应链关联平台，满足供应链物流业务中的征信、无纸化、融资、监管等需求，实现物流供应链全程可追溯。该解决方案可用于供应链物流全程跟踪、运单电子化、供应链金融、运输监管以及物流征信等需求场景，并具有配置简单、系统安全性高、性能行业领先、支持多云互通等优势。

目前，在物流行业，华为云提供的智慧物流行业解决方案赢得了多家知名物流企业的青睐。例如，德邦快递与华为云联合打造了智慧园区，在多车多人的复杂物流场景下，实现了园区人员人脸识别通行和考勤打卡，提升了园区管理及运营效率；通过对上万路视频的智能分析，实现了分拣路径优化；通过识别暴力分拣行为及自动告警，极大提升了物流效率。

顺丰 DHL 基于 RFID 识别技术和华为云智慧仓储服务，推出"RFID+AIoT"的智慧新仓储，对料箱数量、进出门方向、装载料箱耗时及周转率等进行全面监控分析，实现 100%标签读取率和高效库内作业。

J&T Express 基于华为云的全球化部署能力，在优化跨国 IT 架构的同时降低运营成本，高效服务东南亚及南太平洋 6 亿多用户的快递业务需求。

华能智链基于华为云区块链服务搭建了供应链金融服务平台，将核心企业的优质信用延伸至供应链上下游的客户和供应商，实现采购供应链信息全流程展示，帮助供应链中小企业获得高效率、低成本的供应链金融合同证等服务，建立采购供应商产业的生态圈。

本 章 小 结

对于云计算的概述，本章主要介绍了云计算的概念与特点、框架结构及作用、关键技术等；对于云计算的应用，本章主要介绍了其在物流大数据和供应链管理大数据领域的应用。

关 键 概 念

云计算　Cloud Computing
云物流　Cloud Logistics
云平台　Cloud Platform
云计算产业链　Cloud Computing Industry Chain

思 考 题

1. 云计算的概念是什么？
2. 云计算有什么特点？
3. 云计算有什么优势？
4. 云计算的概念模型包括什么内容？
5. 云计算的三类分层服务模式分别是什么？
6. 云计算的部署模式包括什么内容？
7. 浅谈云物流的应用。

| 第四章 |

物流大数据与区块链

学习目的

通过本章学习，了解区块链的定义、类型和特点；熟悉区块链的核心技术；掌握区块链在物流大数据（包括应用场景和发展瓶颈）和供应链管理大数据（包括作用、应用场景及阻碍）中的应用。

4.1 区块链概述

4.1.1 区块链的定义

区块链（Blockchain）最初起源于论文《比特币：一种点对点的电子现金系统》中提及的虚拟货币，在这种虚拟货币中，信息被放在一个个的"区块（Block）"中，并用密码签名的方式——"链（Chain）"链接到下一个区块。区块链在每一个节点上都有完整的拷贝信息，所有信息都带有时间戳，是可追溯的。

从狭义上讲，区块链技术是一种去中心化的公开或私有的分布式账本。作为一种分布式账本，区块链使用数据库技术来记录数据，这些数据记录不可篡改、不可伪造，并且可以验证及追溯。

从广义上讲，区块链技术是一种全新的分布式基础架构与计算范式，利用块链式数据结构来验证与存储数据；利用分布式节点共识算法来生成和更新数据；利用密码学的方式保证数据传输和访问安全；利用自动化脚本代码组成的智能合约来编程和操作数据。

4.1.2 区块链的类型

从应用范围和部署机制等方面进行分类，区块链主要包括以下类型。

1. 按应用范围分类

1）公有区块链

公有区块链的任何节点都是向所有参与者开放的，链上的所有人都可读取、发送交易且能获得有效确认的共识区块链，并使用密码学技术和 PoW、PoS 等机制来维护整个区块链的安全。

2）联盟区块链

联盟区块链上每个节点的权限都完全对等，各节点可以在不完全互信的情况下，实现数据的可信交换。由若干个机构共同参与管理的区块链形成了联盟区块链，每个机构都运行着一个或多个节点，其中的数据只允许系统内不同的机构进行读写和发送交易，并且共同来记录交易数据。

3）私有区块链

在某些特定应用场景下，开发者人为设置了具有访问权限的区块链形式，并建立了一种不对外公开，只有被许可的节点才可以参与和查看所有数据的私有区块链，一般适用于特定机构的内部应用场景。

2. 按部署机制分类

1）主链

主链是指在某一区块链内，各节点公认的可信区块链网络，其交易信息及数据被全体成员所认可。

2）测试链

测试链是与主链具有相同功能但主要用于测试的区块链系统。测试链是在不破坏主链的情况下建立的，因此只作为测试用途。

4.1.3　区块链的特点

1. 去中心化

去中心化是区块链最基本的特点，由于区块链使用分布式核算和存储技术，不存在中心化的硬件或管理机构，任意节点的权利和义务都是均等的，系统中的数据块由整个系统中具有维护功能的节点来共同维护。也就是说，区块链技术不依赖额外的第三方管理机构或硬件设施，没有中心管制，除了自成一体的区块链本身，各个节点通过分布式核算和存储技术实现了信息自我验证、传递和管理。

2. 开放性

区块链系统是开放的，除了对交易各方的私有信息进行加密，数据对所有人公开，任何人都能通过公开的接口查询区块链数据，并能开发相关应用，这是区块链系统值得信任的基础。区块链的数据记录和运行规则可以被全网节点审查、追溯，具有很高的透明度与开放性。

3. 自治性

区块链的自治性建立在规范和协议的基础上。区块链采用协商一致的规范和协议，使系统中的所有节点都能在去信任的环境中自由安全地交换数据，让对"人"的信任变为对机器的信任，任何人为的干预都无法发挥作用。

4. 匿名性

匿名性是指节点之间的交换遵循固定算法，其数据交互是无须信任的，交易对手不用通过公开身份的方式让对方对自己产生信任，有利于信用的累计。

5. 安全性

安全性是指一旦信息经过验证并添加到区块链，就会被永久地存储起来（具备特殊更改需求的私有区块链等系统除外），除非同时控制系统中超过 51%的节点，在单个节点上对数据库进行修改是无效的。因此，区块链数据的稳定性和可靠性都非常高。

6. 全球流通性

区块链资产是基于互联网的，只要在有互联网的地方，区块链资产就可以进行流通。这里的互联网可以是万维网，也可以是各种局域网，所以区块链资产是全球流通的。

4.1.4　区块链的核心技术

1. 分布式存储技术

分布式存储技术依赖于使用者和带宽，不再依赖于少数服务器，保证了数据存储的效率、可靠性及安全性，有效防止了系统单点崩溃。

与传统的分布式存储技术不同，区块链分布式存储的独特性主要体现在两个方面，一是区块链每个节点都按照块链式结构存储完整的数据，而传统分布式存储一般是将数据按照一定的规则分成多份进行存储；二是区块链每个节点存储都是独立、地位等同的，依靠共识机制保证存储的一致性，而传统分布式存储一般通过中心节点往其他备份节点同步数据。分布式存储技术的节点足够多，除非所有节点都被破坏，否则数据就不会丢失，保证了数据的安全性。

2. 密码学

密码学中的非对称加密技术是保障安全的重要部分。对称加密相当于开门和锁门用了同一把钥匙，非对称加密则相当于开门和锁门用了两把不同的钥匙，一个叫公钥，一个叫私钥。在区块链中，公钥和私钥都是经过哈希算法和椭圆曲线算法等多重转化而成的，字符都比较长且复杂，因此比较安全。

3. 智能合约

智能合约（Smart Contract）是一种以信息化方式传播、验证或执行合同的计算机协议。智能合约允许在没有第三方的情况下进行可信交易，这些交易可追踪且不可逆转。在区块链环境下，合约就是通过区块链使用密码货币和某人形成的某种协议。

传统意义上的合约是双方或者多方共同协议做或者不做某事来换取某些东西，合同中的每一方必须信任彼此会履行义务。而智能合约的特点是，同样是彼此之间同意或者不同意做某事，但无须再信任彼此，这是因为智能合约不但是由代码定义的，也是由代码（强制）执行的，自动完成且无法干预。

4. 共识机制

区块链的第四种核心技术是共识机制，是指所有节点之间达成共识，去认定一个记录的有效性，这既是认定的手段，也是防止篡改的手段。区块链的共识机制具备"少数服从多数"以及"人人平等"的特点，其中"少数服从多数"并不完全指节点个数，也可以是计算能力、股权数或者其他可以比较的特征量；"人人平等"是当节点满足条件时，所有节点都有权优先提出共识结果，被其他节点认同后就有可能成为最终共识结果。

工作量证明机制是最初的一种共识机制，所有参与的节点通过比拼计算能力来竞争，这是相对公平和去中心化的一种方式，所有节点都参与，却只能选一个节点，会浪费大量资源和时间成本。因此，后来出现了权益证明机制，持有数字货币的时间越长，持有的资产越多，越有可能获得数据记录权和奖励，节省时间，但有人说这违背了去中心化的初衷，容易出现马太效应。再后来出现了委托权益证明机制，各节点选出代表节点来代理验证和记录，更加简单高效，但也有人说这在一定程度上牺牲了一些去中心化。

案例4-1

马士基集团基于区块链技术的航运平台TradeLens

在2015～2016年间，世界集装箱海运需求低于预期，供严重大于求。马士基，这家全球航运业货运量第一的公司，也遭受重创，年收入大幅下降。事态严重，马士基果断进行了"破釜沉舟"的改革，并在短短四年中从低谷爬出，而其依靠区块链技术搭建的知名航运平台TradeLens已经成为全球最大的航运区块链平台。

在变革中，马士基调整了新的方向，决定拆分为两个部门，一个是运输和物流部门，另一个是能源部门，后者将陆续被拆分或出售。马士基最终的定位为端到端集装箱物流企业，致力于为客户提供端到端的供应链管理解决方案。

基于多年的航运经验，马士基在考虑优化结构和提升效率时，重点关注到航运流程中的跨组织业务流程和信息交流需要花大量的人力成本。为解决这个问题，马士基想到了改革的方向——航运业数字化。

在寻找解决方案的过程中，马士基注意到区块链这个新兴的技术，通过与IBM公司的合作，构建了以区块链技术为基础的开放中立的供应链平台TradeLens。

传统航运过程有众多角色参与，例如托运人、航运公司、货运代理、港口和码头运营商、内陆运输和海关等，与其中的任意一个角色传递信息，就意味着需要准备文件。航运业仍严重依赖基于纸质文件的贸易和人工文件处理方式，这导致成本不断增加，业务连续性受到严重影响。

马士基的第一步是构建平台TradeLens，让业务办理开始数字化。数据一旦上链便不可篡改，并且可以追溯源头，防止"作恶"，这便可保证数据的安全性。同时，区块链上的数据在所有节点上都一样，所有参与的企业都可以第一时间获得信息。所以，这一步便是让所有业务环节无纸化，将数据上传到平台上，让所有参与者都能实时访问运输数据和运输单据。其中，马士基也运用了物联网技术来获取从温度控制到集装箱重量的传感器数据，以便决策者精准掌握实时信息。

然而，新的问题很快就出现了，如果每个参与者都能看到所有的信息，那对于一些企业来说，如果他们不愿意把自己的数据透露给所有人，就会排斥加入TradeLens。对此，TradeLens巧妙地设计出了一个拓扑网络结构，做出了一个权限矩阵，精确管理每个参与者能阅读数据的权限，这就能确保跨海洋承运人之间相互隔离。TradeLens会为每个参与的海洋承运人建立一个频道，包括文档在内的敏感信息仅分发给参与频道的那些节点，这意味着没有一家海洋承运人的客户信息将被分发给其他海洋承运人，这样就解决了参与者隐私保护的问题。

除此之外，TradeLens 为所有被许可的参与者提供了一种与 TradeLens 生态系统合作并从中提取价值的方式。TradeLens 致力于标准性和互操作性，使用与联合国贸易便利化与电子业务中心一致的数据模型和访问控制方案，以支持与行业的其他数据方进行互相操作。

时至今日，TradeLens 有超过 175 个组织成员，包括超过 10 个海运承运商，覆盖来自600 多个港口和码头的数据。该平台已经跟踪了 3000 万个集装箱的运输过程、15 亿个事件和约 1300 万个发布文件，囊括了全球超过三分之二的集装箱运力，是当之无愧的航运业新领头羊。

4.2　区块链在物流大数据中的应用

4.2.1　区块链的应用场景

1. 隐私保护

在实际物流过程中，利用基于区块链的数字签名和公私钥加解密机制，可以充分保证信息安全以及寄件人和收件人的隐私。例如，快递交接需要双方私钥签名，每个快递员或快递点都有自己的私钥，是否签收或交付可以在区块链中进行核查。如果客户没有收到快递，签收记录就不会在区块链中更新，而且快递员无法伪造签名，这样可杜绝快递员通过伪造客户签名来逃避绩效考核的行为，进而减少客户投诉，防止货物的冒领、误领。同时，收件人并不需要在快递面单上直接显示实名制的身份信息，有利于保护客户隐私。

2. 质量监控

以跨境电商中的物流为例，跨境电商整合了全流程信息流，商品在工厂生产并检测质量无误后，绑定基于区块链的唯一数字身份信息，并加以物联网设备保证全流程数据透明可信。经过海关等部门检验后，相关鉴定结果以区块链形式，推送报告信息到加密存储的区块链中，并使用二维码、条形码等方式，保证相关方有权查阅报告，有利于保护数据隐私和安全性。

在物流运输途中，对于有特殊要求的货物，可使用传感器设备实时监测温度、湿度等数据，保证货物处在合适的运输状态中，并将物流状态信息、地理位置、合格证书等数据上传至区块链。

采购企业在进行货物核验时，可查验货物从出库到收货的全流程、多维度的可信数据，通过区块链技术提升商品质量安全性和可靠性。采用物联网技术，保证原始信息数据真实可信，将货物与信息数据一一对应，降低了信息交流成本，同时降低了采购企业和全社会的信任成本。

3. 成本控制

在实际物流过程中，往往会产生大量纸质票据、单证，而纸质票据、单证的开具、报销、传递等环节均需要耗费大量的人工及流通成本。使用基于区块链的物流大数据，将节省纸质票据、单证产生的物料和人工成本。此外，利用区块链技术，通过智能合约简化物流程序，能够大幅提升物流效率，这一功能在跨境电商和国际物流实践中表现尤为突出。

4.2.2　区块链的发展瓶颈

物流企业的业务需要与不同参与方（商品供给方、商品需求方）深入协作，因此在可见的未来，基于区块链的物流大数据将成为物流企业的基础性技术。这对致力于构建数字化物流的企业而言，既是一种挑战，也是一个跨越式发展的机遇。现阶段区块链在物流大数据中的应用面临着以下发展瓶颈。

区块链技术快速构建物流流程系统的数据标准不统一，实际应用中主要包括仓库管理系统、运输管理系统、配送管理系统、财务管理系统等。各系统之间的数据传递往往会出现缺失和冗余，这对区块链大数据信息流通的实际效率产生了一定影响。

区块链的物流大数据对整体供应链依赖程度高。区块链的物流大数据虽然可以拓展物流企业的业务范围，从原来单纯的物流服务和物流管理纵深向供应链管理和供应链优化发展，但其过程需要整个供应链范围加强上下游协作，提质增效，增强风险控制。

实际物流过程具有多流程、多环节的特点，同时，区块链在物流大数据中具有分布式特点，链上的信息传递环节需要多方认证，因此实际物流过程中存在交易延迟。在实际物流过程中，各个参与方必须及时、可信地共享物流订单的处理状态和溯源统计需求，才能使得物流生产高效运转。

案例4-2

京东物流"链上签"——基于区块链的物流大数据解决方案

依托区块链和电子签名技术，京东物流打造了"链上签"这款产品，基于区块链和电子签名技术解决传统纸质单据签收不及时、易丢失、易篡改、管理成本高的问题，实现单据流与信息流合一，同时利用数字签名技术解决传统纸质单据不能处理的异常问题。"链上签"如果在物流配送过程中发现异常，能够及时修正并实时将修改的数据上传到平台，保证双方运营结算人员可以及时获取准确的数据。同时，"链上签"利用京东物流的供应链优势和已有的物流网络打造基于区块链的可信单据签收平台，与传统的手写签单相比拥有诸多优势。

1）提升工作效率。电子合同的拟定、确认、审批、签署、发送等过程全部在线上完成，帮助企业节约了大量时间，提升了工作效率。

2）降本节能环保。合同全部电子化，节省了纸张、油墨、电力、运输、存储等资源，更加顺应当前社会节约能源、低碳环保的趋势。

3）弥补风控漏洞。电子签约流程环环相扣，形成了完整的证据链，有效规避了冒名代签、私刻公章、篡改合同等风险。

4）实现安全管理。电子合同经加密存储在云端，有效避免了因自然因素或人为因素导致的合同错配、丢失、损毁、外泄等情况。

4.3 区块链在供应链管理大数据中的应用

4.3.1 区块链的作用

1. 供应链管理大数据的防伪溯源

供应链运作通常涉及若干利益方之间的合作，链条过长会导致实物质量损毁、信息质量下降等问题，为此必须在必要节点进行监控和追溯。但是，监控和追溯的信息往往缺失，同时存在被篡改或隐匿的可能。

区块链信息具有难以篡改的特点，一切信息都在链条中留待查证，如果有人故意输入了虚假的信息，也会被节点中的各方接收到。因此，区块链能够应用于多方协作（例如跨境交易）的信息防伪溯源。

2. 削弱供应链大数据信息的"牛鞭效应"

"牛鞭效应"（Bullwhip Effect）是困扰供应链运作的一大难题，其主要表现为：当供应链由多个环节组成的时候，订货量的波动性从下游（终端客户）到上游（原始供应商）逐渐变大，导致供应链中信息不对称。

在区块链中，所有节点存储的数据信息都是相同的，这能够有效地消除信息不对称。上游供应商和下游客户所看到的市场需求和库存水平完全一致，因此可以做出更加精准的全局判断，而不用在日常运作中加上过多的保险系数，可以有效降低各级库存水平，从而改善供应链的成本和质量指标。

3. 数据自动更新，精益供应链中的数据流

企业中有很多不可见的浪费，尤其体现在数据流方面。有效运用区块链技术使各个节点之间的信息同步更新，可以加快物流和信息流的运转速度，让供应链真正"流"起来，进而有可能把供应链的响应时间压缩到最短。供应链的响应速度加快之后，向客户的交付时间会变短，库存也会降低，从而能减少库存货物的质量问题。

4. 减少供应链管理中的相关人力投入

智能合约是一种计算机协议，可以用来数字化验证和执行一个合同的内容，当一定条件被满足时，可以被自动执行。比较复杂的供应链操作（例如货物进出口流程）有许多验证步骤和单证流转环节，相关的接触方往往是陌生客户，这使得企业对于计算机全自动交易有所顾虑，觉得有文档审核和手写签章会带来些安全感。

区块链因其信息难以篡改、可供追溯的特点，特别适合"信任缺失"情况下的金钱交易和信息交换，例如跨境供应链运作。只要各方事先确认了货物通关的规则（写成计算机代码），就可以用算法来自动确认通关，不必担心造假，因为造假的数据会被永远记录。因此，智能合约取代纯人工的确认过程可以有效节省人力成本。

5. 降低供应链管理的信任成本

降低供应链管理的信任成本主要指"去中介化"。在传统的供应链运作中，为了解决信

任问题，往往会在第三方平台上进行交易，例如银行支付渠道和支付宝等，为此不得不向平台支付相应的费用，这就是所谓信任的成本。

区块链本身可以消除信任焦虑，网络中任何两方都可以直接合作，真正实现"没有中间商赚差价"。

4.3.2 区块链的应用场景

1. 区块链+供应链金融

供应链上下游企业之间的交易及票据信息都汇聚在区块链上，将企业的历史交易信息进行收集和大数据分析，利用一定的数据建模，能快速准确地获取企业的信用评级以及历史融资情况。区块链与供应链金融相结合不仅可以解决企业供应链一直存在的中小微企业融资难的问题，也能够轻松吸引银行、理财机构等进行投资加盟，实现核心企业、供货企业、投资企业的多方共赢，推动供应链的良性发展。

区块链的分布式存储技术、加密存储结构技术、智能合约技术等能降低企业的融资成本，提高资金流转效率，为供应链金融发展提供创新解决方案。

2. 区块链+供应链溯源

在供应链中，当物联网提供的货物来源、基本信息、装箱单信息、运输状态等准确可靠时，该信息被记录在区块链上，后续信息的传播、追加等是安全、透明的。通过对链上数据进行读取，可以直接定位运输中间环节的问题，避免货物丢失、误领、错领或商业造假等问题。

区块链+供应链溯源尤其适用于稀缺性商品领域，通过把生产、物流、销售等供应链相关数据上链，可确保商品的唯一性，保障消费者权益，杜绝假货流通的可能。此外，当交易纠纷发生时，可快速根据链上信息进行取证，明确责任主体，提高付款、交付、理赔的处理效率。

3. 区块链+供应链管理流程优化

基于区块链技术的供应链系统改变了传统供应链系统信息在上下游成员间层层传递的信息流模式，使各参与方能及时快速地分享所有链上信息和数据，达到减少延迟、提高传递效率的目标，同时消除了信息传递中可能存在的欺诈和篡改行为，优化了信息流。

将区块链与物联网技术相结合，可实现信息全程追踪，使供应链的各参与方对需求、库存、生产等供应链环节进行协同管控、优化决策，消除不必要的库存和验证等环节，从而优化供应链管理流程。基于区块链发行数字资产，使供应链的各参与方可以使用数字货币进行支付，而不再依赖于电子数据交换（EDI），资金流也得以优化。

4.3.3 区块链应用的阻碍

区块链作为新兴技术，正处于快速发展之中，将其应用于供应链管理大数据领域仍存在一定的阻碍，具体有以下几个方面。

1. 供应链产业升级问题

供应链是一个成熟的行业，区块链技术与供应链管理大数据的结合，将使该行业产生质变，设施建设、技术研发、人才培养等带来的一系列成本也将大幅提高。同时，信息透明化也将带来利益关系的转变，这可能导致区块链在供应链管理大数据中的应用遇到阻碍。

2. 物联网技术问题

目前的物联网技术有射频识别技术、二维条形码技术和近场通信技术等。将区块链技术应用于供应链管理大数据领域时，为了确保数据准确无误地流通，在供应链的每一个阶段都需要设置数据标签。要解决添加数字标签以追踪实体货物的问题，仍需要大力推进技术研发。

3. 隐私与安全问题

数据透明化的特点使得供应链在应用区块链技术时需要考虑是否可以将供应链大数据放在区块链上，以及如何处理涉及客户个人隐私和商业机密的数据。

对于供应链企业而言，商业机密泄露会带来巨大损失，而在未经允许的情况下暴露客户信息将遭受巨大的社会舆论压力，因此在区块链应用于供应链大数据时应保证各方数据信息在安全且隐私的条件下进行。

4. 区块链涉及的法律风险

区块链技术的广泛应用离不开智能合约。智能合约以数字编码的形式定义承诺，即使没有得到法律和司法的正式确认，交易双方也无须通过彼此信任来确定，一切交易都将由代码强制执行。

目前智能合约还没有得到司法机关的正式认可，缺乏法律效力，如何将区块链技术的监管纳入国家监管体系仍待商讨。

案例4-3

星贝云链——科技驱动下的供应链金融服务

星贝云链是国内首家基于区块链的供应链金融平台，也是国内首个基于大健康产业构建的供应链金融平台。星贝云链是通过腾讯区块链的共享账本和智能合约研究开发出的，意味着炙手可热的供应链金融领域迎来一名强有力的竞争者。

星贝云链的目标是与腾讯区块链共同打造全国供应链金融平台标杆，基于大健康产业，充分挖掘上下游的客户资源，形成依托核心、服务供应链上中小微企业的金融服务平台，带动产业链升级发展。

星贝云链与广东有贝信息科技有限公司进行战略合作，提供聚焦大健康产业的精益供应链服务，其业务涵盖了精益供应链运营、供应链管理咨询、物流科技与装备、供应链综合金融、大健康产业地产等板块。星贝云链最大的优势在于具有独特的产业数据沉淀、高效的外部数据共享及丰富的产业资源和交易场景数据积累。

由此看来，星贝云链所瞄准的是智慧供应链金融领域。该平台深度结合腾讯区块链技术，打通大健康产业链中的商流、信息流、物流、资金流，消除供应链中的信息不对称，真正实现"四流"信息真实有效、操作模式闭环、风险自动评估、系统智能贷后等。在供应链信用价值链重构的基础上，星贝云链以实现供应链金融全流程线上化、智慧化为宗旨，消除金融和产业的壁垒。

<hr>

本 章 小 结

本章主要介绍了区块链技术及其应用于物流大数据和供应链管理大数据领域的相关知识。对于区块链，本章主要介绍了区块链的定义、类型、特点及核心技术；对于区块链在物流大数据领域的应用，本章主要介绍了区块链的应用场景以及当前发展中所存在的瓶颈；对于区块链在供应链管理大数据领域的应用，本章主要介绍了区块链的作用、应用场景及遇到的阻碍。

关 键 概 念

区块链 Blockchain
智能合约 Smart Contract
分布式存储 Distributed Storage
去中心化 Decentralization

思 考 题

1. 区块链有哪些类型和特点？
2. 区块链的核心技术有哪些？
3. 区块链在物流大数据中的应用场景有哪些？
4. 区块链应用于物流大数据存在哪些瓶颈？
5. 区块链主要应用于供应链管理大数据的哪些方面？
6. 区块链应用于供应链管理大数据有哪些阻碍？

| 第五章 |

物流大数据与数字孪生

学习目的

　　通过本章学习，了解数字孪生的定义；掌握数字孪生的价值体现及意义；熟悉数字孪生的技术体系、核心技术及其与智能制造的关系；掌握数字孪生技术在物流大数据和供应链管理大数据中的应用。

5.1 数字孪生概述

5.1.1 数字孪生的定义

　　通俗地讲，数字孪生是指通过数字化的手段对物理世界中的物体构建在数字世界中一模一样的实体，借此来实现对物理实体的了解、分析和优化。从更加专业的角度来说，数字孪生集成了人工智能和机器学习等技术，将数据、算法和决策分析结合在一起，建立物理对象的虚拟映射。数字孪生技术能在问题发生之前先发现问题，监控物理对象在虚拟模型中的变化，诊断并预测潜在风险，合理有效地进行规划或维护相关设备。

　　数字孪生是形成物理世界中某一生产流程的模型及其在数字世界中的数字化镜像的过程和方法。数字孪生包括五大驱动要素，即物理世界的传感器、数据、集成、分析和促动器。

　　1. 传感器

　　生产流程中配置的传感器可以发出信号，数字孪生可通过信号获取与实际流程相关的运营和环境数据。

　　2. 数据

　　传感器提供的实际运营和环境数据将在聚合后与企业数据合并。企业数据包括物料清单、企业系统和设计规范等，其他类型的数据包括工程图纸、外部数据源及客户投诉记录等。

　　3. 集成

　　传感器通过集成技术（包括边缘、通信接口和安全）达成物理世界与数字世界之间的数据传输。

4. 分析

数字孪生利用分析技术开展算法模拟和可视化程序，进而分析数据，建立物理实体和流程的数字化模型。

5. 促动器

若确定应当采取行动，数字孪生将在人工干预的情况下通过促动器展开实际行动，推进实际流程。

5.1.2　数字孪生的价值体现及意义

1. 数字孪生的价值体现

在探析数字孪生的商业价值时，企业必须重点考虑战略绩效与市场动态的相关问题，包括持续提升产品绩效、加快设计周期、发掘潜在收入来源、优化保修成本等。企业可根据这些战略问题，开发相应的应用程序，借助数字孪生创造广泛的商业价值。数字孪生的商业价值如表 5-1 所示。

表 5-1　数字孪生的商业价值

商业价值类型	潜在的商业价值
质量	提升整体质量； 预测并快速发现质量缺陷趋势； 控制质量漏洞，判断何时会出现质量问题
保修成本与服务	了解当前设备配置，优化服务效率； 判断保修与索赔问题，降低总体保修成本，改善客户体验
运营成本	改善产品设计，有效实施工程变更； 提升生产设备性能； 减少操作与流程变化
记录保存与编序	创建数字档案，记录零部件与原材料编号，更有效地管理召回产品和质保申请，并进行强制追踪； 降低新产品的总体生产成本； 有效识别交付周期较长的部件及其对供应链的影响
收入增长机会	识别有待提升的产品； 提升效率，降低成本，优化产品

如今，数字孪生越来越被制造企业所重视，作为一种服务企业的经典解决方案，其主要作用包括以下几个方面。

1）模拟、监控、诊断、预测产品在现实环境中的形成过程和行为。

2）从根本上驱动持续创新。

3）数字化产品全生命周期档案为全过程追溯和持续改进研发奠定了数据基础。

4）任何制造商都可以在数据驱动的虚拟环境中进行创建、生成、测试和验证，这种能力将成为未来若干年内的核心竞争力。

2. 数字孪生的意义

自数字孪生的概念被提出以来，其技术在不断地快速演化，无论是对产品的设计、制造还是服务，都产生了巨大的推动作用。

今天的数字化技术正在不断改变每一个企业。未来所有企业都将实现数字化和智能化，这不只是要求企业开发出具备数字化特征的产品，更是指通过数字化手段改变整个产品的全生命周期流程，并通过数字化、智能化的手段连接企业的内部和外部环境。

数字孪生的应用意义主要体现在以下几个方面。

1）更便捷，更适合创新

数字孪生通过各种数字化的手段，将物理设备的各种属性映射到虚拟空间中，形成可拆解、可复制、可转移、可修改、可删除、可重复操作的数字镜像，极大加速了操作人员对物理实体的了解，让很多受物理条件限制而无法完成、必须依赖真实物理实体的操作方式成为触手可及的工具，更能激发人们探索新的途径来优化设计、制造和服务。

2）更全面的测量

传统的测量方法必须依赖昂贵的物理测量工具如传感器、采集系统、检测系统等，才能够得到有效的测量结果，而这无疑会限制测量覆盖的范围，对于很多无法直接采集的测量指标往往爱莫能助。数字孪生则可以借助物联网和大数据技术，采集有限的物理传感器的直接数据，借助大样本库，通过机器学习推测出一些原本无法直接测量的指标。

3）更全面的分析和预测能力

数字孪生可以结合物联网数据采集、大数据处理和人工智能建模分析，实现对当前状态的评估和对过去发生问题的诊断，并基于分析结果模拟各种可能性，实现对未来趋势的预测，进而实现更全面的决策支持。

4）经验的数字化

在传统的工业设计、制造和服务领域，经验往往是一种捉摸不透的东西，很难将其作为精准判决的数字化依据。相比之下，数字孪生技高一筹，它的一大关键性进步就是可以通过数字化的手段，将原先无法保存的专家经验数字化，并允许保存、复制、修改和转移。

5.1.3　数字孪生技术体系

数字孪生技术的实现依赖于诸多先进技术的发展和应用，其技术体系按照从基础数据采集层到顶端应用层可以依次分为数据保障层、建模计算层、功能层和沉浸式体验层。从建模计算层开始，每一层的实现都建立在前面各层的基础之上，是对前面各层功能的进一步丰富和拓展。

1. 数据保障层

数据保障层是整个数字孪生技术体系的基础，支撑着整个上层体系的运作，主要由高性能传感器数据采集、高速数据传输和全生命周期数据管理三个部分构成。

先进传感器技术及分布式传感技术使整个数字孪生技术体系能够获得更加准确、充分的数据源支撑。数据是整个数字孪生技术的基础，海量复杂系统运行的数据包含了用于提取和构建系统特征最重要的信息。

高带宽光纤技术使得海量传感器的传输不再受带宽的限制。复杂工业系统的数据采集量庞大，带宽的扩大缩短了系统传输数据的时间，降低了系统延时，保障了系统实时性，提高了数字孪生系统的实时跟随性能。

分布式云服务器存储技术的发展为全生命周期数据的存储和管理提供了平台保障，高效率存储结构和数据检索结构为海量历史运行数据的存储和快速提取提供了重要保障，为基于云存储和云计算的系统体系提供了历史数据基础，使大数据分析和计算的数据查询和检索阶段能够快速可靠地完成。

2. 建模计算层

建模计算层主要由建模算法和一体化计算平台两部分构成，能充分利用机器学习和人工智能领域的技术方法实现系统数据的深度特征提取和建模。建模算法部分通过多物理、多尺度的方法对传感数据进行多层次的解析和挖掘，学习其中蕴含的相关关系、逻辑关系和主要特征，实现对系统的超现实状态表征和建模，并能预测系统的未来状态和寿命，依据其当前和未来的健康状态评估任务成功执行的可能性。

3. 功能层

功能层为实际的系统设计、生产、使用和维护需求提供相应的功能，包括多层级系统寿命估计、系统集群执行任务能力评估、系统集群维护保障、系统生产过程监控、系统设计辅助决策等功能。针对复杂系统在使用过程中存在的异常和退化现象，功能层开展针对系统关键部件和子系统的退化建模及寿命估计工作，为系统健康状态的管理提供指导和评估依据。在对系统集群中每个个体的状态深度感知的基础上，功能层进一步依据系统健康状态实现基于集群的系统维护保障，节省系统维修开支以及避免人力资源浪费，实现系统群体批量化维修保障。

数字孪生技术体系的最终目标是实现系统全生命周期健康状态的系统设计和生产过程优化改进，使系统在整个使用周期内有良好的性能表现。

作为数字孪生技术体系的直接价值体现，功能层可以根据实际系统的需要进行定制，在建模计算层提供的强大信息接口的基础上，满足高可靠性、高准确度、高实时性及智能辅助决策等多个性能指标，提升产品在整个生命周期内的性能表现。

4. 沉浸式体验层

沉浸式体验层主要为使用者提供良好的人机交互使用环境，让使用者能够获得身临其境的技术体验，从而迅速了解和掌握复杂系统的特性和功能，并能便捷地通过语音和肢体动作访问功能层提供的信息，获得分析和决策方面的信息支持。未来的技术系统使用方式将不再仅仅局限于听觉和视觉，而是同时集成触摸感知、压力感知、肢体动作感知、重力感知等多方面的信息和感应，向使用者恢复完全真实的系统场景，并通过人工智能技术让使用者了解和学习真实系统场景本身不能直接反映的系统属性和特征。

使用者通过学习和了解在实体对象上接触不到或采集不到的物理量和模型分析结果，能够对系统场景有更深入的理解，并激发设计、生产、使用、维护等多方面的灵感。

沉浸式体验层是直接面向用户的层级，以用户可用性和交互友好性为主要参考指标，通过集成多种先进技术，实现多物理、多尺度的集群仿真。沉浸式体验层利用高保真建模和仿真技术、状态深度感知和自感知技术构建目标系统的虚拟实时任务孪生体，持续预测系统健康状态、剩余使用寿命和任务执行成功率。虚拟数字集群是数字孪生体向实际工程实践发展的重要范例，对于成本可控情况下的高可靠性任务执行需求具有重要意义。

5.1.4 数字孪生的核心技术

1. 多领域、多尺度融合建模

多领域、多尺度融合建模是指在正常和非正常情况下从最初的概念设计阶段开始实施，从不同领域、不同尺度在深层次的机理层面对物理系统进行跨领域的设计理解和建模。总体来说，该技术的难点体现在长度、时间尺度及耦合范围三个方面，克服这些难点有助于建立更加精准的数字孪生系统。

2. 数据驱动与物理模型的状态评估

对于机理结构复杂的数字孪生目标系统，往往难以建立精确可靠的系统级物理模型，单独采用目标系统的解析物理模型对其进行状态评估无法获得最佳评估效果。相比较而言，采用数据驱动的方法则能利用系统的历史数据和实时运行数据，对物理模型进行更新、修正、连接和补充，充分融合系统的机理特性和运行数据特性，从而更好地结合系统的实时运行状态，获得动态实时跟随目标状态的评估系统。

数据驱动与物理模型融合的难点在于两者在原理层面的融合与互补。如何将高精度的传感数据统计特性与系统的机理模型合理、有效地结合起来，获得更好的状态评估与监测效果，是亟待考虑和解决的问题。

3. 数据采集和传输

高精度传感器数据的采集和快速传输是整个数字孪生系统的基础，各个类型的传感器性能包括温度、压力、振动等都要达到最优状态，以复现实体目标系统的运行状态。传感器的分布和传感器网络的构建要以快速、安全、准确为原则，通过分布式传感器采集各类物理量信息来表征系统的状态。搭建快速可靠的信息传输网络，将系统状态信息安全、实时地传输至上位机供其应用，具有十分重要的意义。

目前，传感器的种类、精度、可靠性、工作环境等各方面都受到当前技术发展水平的限制，导致采集数据的方式也受到限制。数据传输的关键在于实时性和安全性，网络传输设备和网络结构受限于当前的技术水平无法满足更高级别的传输速率。

4. 全生命周期数据管理

复杂系统的全生命周期数据管理是数字孪生系统的重要支撑。采用云服务器对系统运行的海量数据进行分布式管理，能够实现数据的高速读取和安全冗余备份，为数据智能解析算法提供充分可靠的数据来源，对维持整个数字孪生系统的运行起着重要作用。通过存储系统的全生命周期数据，可以为数据分析和展示提供更充分的信息，使系统具备历史状态回放、结构健康退化分析及任意历史时刻的智能解析功能。

全生命周期数据管理的实现需要借助服务器的分布式存储和冗余存储功能。数字孪生系统对数据的实时性要求很高，如何优化数据的分布架构、存储方式和检索方法，是其应用于物流大数据和供应链管理大数据领域面临的挑战。

5. 虚拟现实呈现

虚拟现实（VR）技术可以将系统的制造、运行、维修状态呈现出超现实的形式，对复杂系统的各个子系统进行多领域、多尺度的状态监测和评估，将智能监测和分析结果附加到系统的各个子系统和部件中。VR 技术在完美复现实体系统的同时将数字分析结果以虚拟映射的方式叠加到所创造的孪生系统中，从视觉、声觉、触觉等多个方面提供沉浸式的虚拟现实体验，实现实时、连续的人机互动。

VR 技术能够帮助使用者通过数字孪生系统迅速了解和学习目标系统的原理、构造、特性、变化趋势、健康状态等各种信息，并启发其改进目标系统的设计和制造，为优化和创新提供灵感。复杂系统的 VR 技术难点在于需要大量的高精度传感器来提供必要的数据来源和支撑，同时，VR 技术本身的技术瓶颈也亟待突破和提升，以提供更真实的 VR 系统体验。

6. 高性能计算

数字孪生系统的复杂功能在很大程度上依赖于其背后的计算平台。实时性是衡量数字孪生系统性能的重要指标，基于分布式计算的云服务器平台是系统的重要保障，通过优化数据结构和算法结构来提高系统的任务执行速度是保障系统实时性的重要手段。

如何综合考量计算平台的性能、数据传输网络的延迟时间及云计算平台的计算能力，是应用数字孪生技术的重要内容。平台的计算能力直接决定系统的整体性能，作为整个系统的计算基础，其重要性毋庸置疑。数字孪生系统的实时性要求系统具有极高的运算性能，但是目前系统的计算能力还受限于计算机发展水平和算法设计优化水平。

5.1.5 数字孪生与智能制造

1. 智能制造的内涵

智能制造是一种由智能机器和专家共同组成的人机一体化智能系统，它在制造过程中能进行分析、推理、判断、构思和决策等智能活动，通过人与智能机器的合作共事，扩大、延伸和取代人类在制造过程中的部分脑力劳动。智能制造更新了制造自动化的概念，扩展到柔性化、智能化和高度集成化，将专家的知识和经验融入感知、决策、执行等制造活动中，赋予产品制造在线学习和知识进化的能力。智能制造涉及产品全生命周期中的设计、生产、管理和服务等制造活动，是数字孪生技术率先涉及的重要领域。

学术界及产业界一致认为，"工业4.0"是以智能制造为主导的第四次工业革命，其思想是通过充分利用信息通信技术，结合网络空间虚拟系统与信息物理系统，将制造业向智能化转型，包括智能工厂、智能生产、智能物流三大核心主题。智能工厂重点研究智能化生产系统以及网络化分布式生产设施的实现等；智能生产主要涉及整个企业的生产物流管理、人机互动以及 3D 技术在工业生产过程中的应用等；智能物流主要通过互联网、物联网整合物流资源，充分发挥现有物流资源的作用。智能制造涵盖智能制造技术、智能制造装备、智能制造系统和智能制造服务等，衍生出了各种各样的智能制造产品。

2. 数字孪生结合智能制造

智能制造系统最终要从以人为主要决策核心的人机和谐系统向以机器为主体的自主运行系统转变。数字孪生的理论和技术是智能制造系统的基础，它使智能制造上升到一个崭新的高度。智能制造系统首先必须对制造装备、制造单元、制造系统进行感知、建模，然后才进行分析推理。如果没有数字孪生模型对现实生产体系进行准确的模型化描述，所谓的智能制造系统将无法落实。

数字孪生技术一方面能根据复杂环境的变化，通过动态仿真与假设分析，预测物理装备状态和行为，而且能不断学习、共生演进，即"以虚控实"；另一方面也能使其镜像仿真过程更准确地预测物理装备的状态和行为，即"以实驱虚"。这种"以虚控实"和"以实驱虚"的孪生互动共生，使智能制造上升到一个崭新的高度。

3. 智能制造装备与数字孪生

智能制造系统中的智能制造装备主要包括以下关键技术，这些关键技术都是数字孪生技术的核心内容。

1）虚实交互的统一语义建模技术。
2）面向几何实例的轻量级快速数字建模与可视化技术。
3）物理对象与所处环境的智能感知技术。
4）基于感知数据的多物理场景、多尺度高保真仿真与集成技术。
5）面向工业大数据的智能分析与决策技术。

综上所述，智能制造系统装备的感知、决策、执行、学习和互联特征，是制造技术、信息技术和人工智能技术的集成和深度融合。数字孪生技术的关键就是构建虚实一体、以虚控实、共生演进的新型智能装备，用以支撑制造物理装备全生命周期运作的分析与决策，这是智能制造系统中装备智能化发展的重要趋势。

案例5-1

菜鸟网络——数字孪生技术驱动打造智慧物流仓

随着物联网技术的发展，利用物理模型、传感器更新、运行历史等数据集成仿真技术，建立智慧化物流中心的"数字孪生"模型，可以模拟和测试智慧物流中心各种场景下的运行情况，优化智慧物流中心系统，完成动态调整，实现柔性自动化。

菜鸟网络所搭建的数字孪生智慧物流仓可以实现以下六点：一是减少拥堵，提高效率；二是管制区域警报预警系统；三是温度监控系统；四是完整的交通可视化系统；五是实时运营数据分析；六是增强机械化搬运设备的安全。

5.2 数字孪生技术在物流大数据中的应用

在对数字孪生技术研究探索的基础上，可以预见该技术即将在船舶、车辆、飞机等领域落地，并将推动这些产业更快、更有效地发展。

5.2.1　数字孪生技术在仓储环节中的应用

中国电子技术标准化研究院组织撰写的《智能工厂建设导则》和《信息物理系统建设指南（2020）》都指出，使用数字孪生技术构建智慧物流系统具有极高的必要性与可行性。

现有的各类物流系统通常具备设备区域广、设备种类多、物料信息杂等特点，而通过构建数字孪生系统，以建模的方式搭建实际设备，可以将设备运行状况与真实物料信息紧密结合，使其高度可视化、透明化。

智慧物流系统调度软件将仓储控制系统与仓储管理系统中的各项重要数据进行专项存储，数字孪生系统则通过特定接口访问这一数据库。同时，数字孪生系统在生产现场的各组件控制程序中进行专门的设备数据采集，保存并回传各关键节点的设备状态信息，诸如传感器状态变量、电机编码器的当前数据等。设备模型将设备的模型动作与采集的数据进行匹配，同时按照实际仓储业务的运行规则，将相应的物料信息与设备携带的工作指令进行对应，在虚拟场景中模拟真实的设备动作和物料输送情况，实现"现实工厂的虚拟化"。

数字孪生技术在仓储环节中的应用重点是根据仓储情况、运输情况和设备运行情况等进行数字孪生系统的开发。前期工作主要包括：对每一个设备进行编号，完成可编程逻辑控制器模块或其他控制程序的编写；通过数据传输，设计并实现用于管理的数据库系统；编写设备控制逻辑和设备控制方法，将其封装为应用程序编程接口以便后续调用；规划并实施设备和用户认证、授权、加密方案。

在前期工作完成的基础上即可进行数字孪生系统的搭建。数字孪生的虚拟部分包括场景、物体和用户界面，通常利用已有三维扫描模型和设计图纸，使用三维绘图软件对场景和模型进行构建。

辅料库和成品库的虚拟场景建设参照建筑施工图纸和实地测量结果，按比例进行初步构建。除辅料库和成品库之外，用于查看单个设备模型的演示场景也必不可少，其设计的目的是方便查看和展示物料，也可以在员工培训时提供支持。

设备、物料和产品根据具体情况构建模型。对于大部分设备来说，虽然其内部结构复杂，但无须通过数字孪生系统对其内部工作原理进行展示，因此可以忽略大部分内部构造，仅针对维修所需操作部分的零件进行精细建模即可。作为生产原材料的物料包装和形状取决于当前采购情况，无须和实际情况完全一致，可在用户界面显示每一盘物料入库时拍摄的照片作为补充。成品包装和形状固定需要导出不同精度的模型，以备性能优化使用。在构建模型的同时，需要对模型的材质和贴图进行处理，并运用特定软件进行着色器的编写和检查确认。

用户界面是系统与用户交互的窗口，几乎所有的数字孪生系统管理功能均通过用户界面实现，其主要功能有调整视角、库房管理、设备管理、任务控制、用户管理等。在数字孪生系统对物理仓储系统进行控制的过程中，大部分操作都直接与后端管理系统进行通信，调用应用程序编程接口进行操作。

除了可清晰显示仓储情况，故障报警响应、设备健康管理、系统运行状态监测是数字孪生系统具备的另一方面优势。数字孪生系统通过对设备状态和运行情况进行分析，可及时识别异常，对发生的错误和故障进行预警，对需要维护的设备进行标注，合理调度设备工作，在一定程度上提高设备维护效率，减少由于维护不及时导致的设备故障。

5.2.2　数字孪生技术在配送环节中的应用

基于数字孪生的配送管理系统对配送业务过程进行虚拟映射,并在此基础上反向作用于配送业务过程,达到优化配送业务过程并提升性能的目的。因此,除了完成订单管理等基本功能,配送管理系统更需要完成配送业务过程中基本活动的管理和服务功能。面向制造生产的单次物料配送一般种类单一且客户地点固定,所涉及的业务活动不需要反复规划,而服务和流通过程的配送则因货物种类和客户多样化导致需求复杂。为了提高数字孪生配送管理系统的适应性,本节分析的需求以非生产物流配送为主,在此基础上构建的系统也可直接满足生产物流配送的需求。

数字孪生技术在配送环节中的应用需求包括智能装载布局优化、动态调整、配送路线规划和基本信息管理等。基于以上需求设计的数字孪生配送管理系统的体系架构分为物理层、物联网层、数据层、模型层和运维服务层五个层次。

1. 物理层

物理层包括配送管理涉及的车辆、货物、人员等实体,以及配送过程对应的物理活动。物理层的主要功能是接收数字孪生配送管理系统的指令,再现指令并按指令完成物理配送运输(需要在人员或机器人装置辅助下完成)。

2. 物联网层

物联网层是连接物理层与数据层之间的桥梁,也是配送管理虚实映射的关键,该层利用先进的分布式传感技术和高通量、低延时通信网络,采集和传输配送过程中管理对象的数据。物联网层的功能主要包括货物实时信息(位置坐标、配送状态等)、货车运行状态信息、配送路径信息(车辆运输实时路径)等的采集,以及运维服务层指令和配送服务信息(如客户货物位置信息)的传输。物联网层的功能涉及孪生数据采集模块(温度采集传感器、全球定位系统、无线射频识别终端等)、网络传输服务模块和移动端处理模块(负责接收指令和服务信息,如智能手机)。

3. 数据层

数据是数字孪生配送管理系统的核心,也是虚实映射的基础。数据层主要负责采集配送孪生数据,并对系统管理数据(如客户数据)进行存储、初始处理和融合,为数字孪生配送的物理场景、虚拟场景和系统运行提供数据支撑。

4. 模型层

模型层为数字孪生配送管理系统提供模型库,所涵盖的模型包括配送过程孪生模型和管理服务模型两类。配送过程孪生模型对物理配送和管理进行数字化描述和抽象,在此基础上结合数据层的数据形成配送的动态数字孪生模型,用于描述管理系统中实体对象的几何和动态信息结构。配送过程孪生模型涉及货物车辆、运输环境、装箱规划和配送过程服务优化的数字孪生体模型。管理服务模型为管理运维服务提供决策支持模型,如装箱规划模型、稳定性分析模型、路径规划算法模型等。

5. 运维服务层

运维服务层集成系统的所有功能服务，是系统的价值体现层。在物联网层、数据层和模型层的基础上，通过友好的用户界面和可视化方式进行配送基本信息管理（如客户信息）、配送任务（如订单）接收、配送过程数据表示与统计分析、配送场景虚拟映射（或构建虚拟配送）等，并在此基础上提供配送增值服务（如装箱规划、装箱指引、装箱高精度仿真、装箱稳定性分析、客户货物可视化定位等）和决策支持，给物理层发送配送指令，实现对配送运输过程的管控和运行维护。

5.2.3　数字孪生技术在包装环节中的应用

为实现多工位实时、自适应地协同决策和联动控制，将经典的数字孪生映像体系扩展为符合实时联动需求的数字孪生控制体系，构建基于数字孪生的混单包装线多工位实时联动信息架构，该信息架构包括物理对象层、虚拟模型层和服务应用层三个层级。

1. 物理对象层

物理对象层通过 RFID 技术、二维码多源标签、传感器、无线传感网络、GPS 等智能感知与定位技术，实时感知和监控混单包装线生产环境中的全要素多源异构信息，实现动态物理环境的智能感知与互联、实时交互与控制、智能协作与共融等。

2. 虚拟模型层

虚拟模型层基于物理对象层采集的混单包装线多维度、多粒度异构静态模型数据和动态运行数据，通过孪生建模技术将各个物理执行单元（物理工位）在虚拟模型层映射为可反映实时运行状态的虚拟执行单元（虚拟工位），并在虚拟模型层形成虚拟运作模型系统，对物理对象层的运作过程进行系统性实时精准映射和动态反馈控制。

3. 服务应用层

在对执行状态进行实时精准感知和识别的基础上，各虚拟执行单元依靠单元间的信息协调和单元内的信息整合形成虚拟决策单元，并基于启发式算法进行任务队列的联动式智能优化。

服务应用层通过对物理包装生产过程和虚拟包装生产过程的感知，采集和记录生产资源、生产活动以及包装生产过程中的动态信息，形成实时孪生数据，并提出工位间生产信息的实时协调机制。实时协调机制基于工序的约束，通过物联网工具及时获取当前工位的上下游工位所输出的实时执行信息，建立当前工位与上下游工位之间的动态联系，从而及时感知协作工位集上的实时生产信息，优化工位中的工序任务队列，并将优化结果反馈给上下游的协作工位集，实现多工位的联动优化。

案例 5-2

基于数字孪生的立体仓库

自动化立体仓库是一种利用高层立体货架来实现高效货物自动存取的仓库，由存储货架、出入库设备和信息管控系统组成，集仓储技术、精准控制技术和计算机信息管理系统于一身，是现代物流体系中的重要组成部分。目前，用传统方法设计的立体仓库仍然存在出库调度效率低、仓库利用率低、吞吐量有待提高等问题。

基于数字孪生的五维模型可为立体仓库的再设计优化、远程运维及共享等问题提供有效的解决方案。

1. 基于数字孪生的立体仓库再设计优化

基于数字孪生的立体仓库再设计优化是指建立立体仓库中各个设备的数字孪生五维模型，依托设计演示平台实现半实物仿真设计。利用该平台，可以对仓库布局进行三维图像设计，同时基于货架设备、运输设备、机器人设备等进行半实物仿真验证，并完成几何建模、动作脚本编写和指令接口定义，实现模块化封装和定制模型接口设计。

2. 基于数字孪生的立体仓库远程运维

借助立体仓库及其设备的数字孪生五维模型，搭建面向用户的远程运维服务平台，可实现基于数字孪生的立体仓库远程运维。通过建立与立体仓库完全映射的虚拟模型，结合立体仓库的数据信息及各类算法，能将立体仓库的实时模拟、货位管理、费用管理、预警管理、预测性维护、作业调度等功能以软件服务的形式提供给不同需求的使用者。

3. 基于数字孪生的共享立体仓库

基于数字孪生的共享立体仓库是实现仓储资源供需最优化配置的信访室。共享立体仓库首先将闲置的仓储设施、搬运设备、货物运输、终端配送、物流人力等资源进行统一整合与汇集，上传到共享仓库服务管理云平台进行统一调度与管理，平台再将这些资源以分享的形式提供给需要使用的企业和个人。

共享立体仓库不仅节省了企业和个人的资金投入，缓解了存储压力，还降低了投资风险。基于数字孪生的立体仓库设计，可以实现立体仓库的准确、快速设计，节约设计成本，便于仓库的个性化定制。在立体仓库的设计过程中，平台可接收实时传输的数据信息，便于设计校对与更改，实现迭代优化设计。通过远程运维服务平台可以远程处理仓库信息，提高仓库运行效率，实现资源的最大化有效利用，节省资源，降低成本。

5.3　数字孪生技术在供应链管理大数据中的应用

5.3.1　数字孪生技术的作用

1. 优化整体供应链流程

数字孪生技术可以帮助企业了解供应链模式，并对不同流程中的修改结果进行建模。

一方面，供应链管理大数据中的数字孪生模型能够在业务连续性风险和转型风险发生之前对其进行调节。这些模型可以在流程转型发生之前计算收益、成本和潜在投资回报率。例如，企业生成数字孪生模型，通过模拟与制造、库存、分销等相关的各种方案来重新定义全球供应链运营。

另一方面，数字孪生技术允许供应链基于大数据测试和发现紧急情况的最佳行动方案，并在虚拟环境中尝试不同的场景，从而显著提高组织稳定性。

2. 识别供应链管理瓶颈

数字孪生技术为整个供应链管理提供了永久的端到端视图流程，以少量人工干预促进问题解决。通过收集数据，数字孪生体有助于识别各个方面的潜在弱点。例如，装运数字孪生体依赖于从传感器收集的数据，这些传感器在装运过程中传输更新的数据，并且可以对数据进行分析以发现运输和交付过程中的性能和瓶颈。

3. 供应链网络优化与有效的数据管理

数字孪生技术有助于检测从物理位置到客户服务的某些修改。一方面，数字孪生技术有助于确定是否需要向供应链网络添加节点，从而有机会降低网络成本。另一方面，数字孪生技术提供了将历史数据与实时数据进行比较的机会，以确定需要重点关注的弱点和优势领域，从而提升数据管理的有效性。

5.3.2 数字孪生技术的具体应用

1. 规划、交通和服务

数字孪生技术可以评估需求和供应如何影响供应链的物理位置和支持系统，同时向终端客户提供服务。通过实时数据，数字孪生技术使供应链管理过程能更好地规划运输资源。

2. 优化库存

数字孪生体可以输入来自需求预测流程的数据，以避免缺货，并最大限度地降低生产和仓储的总体成本。因此，它解决了"单梯队"挑战（优化单个仓库中的库存）和"多梯队"挑战（优化整个网络的库存）。

3. 预测包装材料的性能

应用于包装时，数字孪生体可以模拟包装形状和包装材料，以便在部署之前测试缺陷，这不仅降低了财务成本，而且降低了环境成本。

4. 供应链综合协调

供应链的运作优化离不开各个环节的相互协同，也离不开端到端的"整体式"数字孪生。数字世界模型需要做到高度透明化，能展示供应链各个环节的实时运作状态及其相互关系，为此要获得供应商和客户等外部伙伴的高度配合。供应商和客户等外部伙伴需要提供准确的数据，严格遵守流程，并且按照约定来共同维护供应链的持续运作。

5.3.3 数字孪生技术应用的阻碍

1. 大数据采集

供应链是复杂、协调和自适应的系统，其流程在很多方向上流动，并且通常是同时进行的。因此，数字孪生技术应用的关键在于细节，软件产生的答案或决策的质量在很大程度上取决于供应链管理大数据采集的可行性和准确性。目前在大数据采集方面还存在以下几点不足。

1）需要明确供应链管理大数据采集的范围。

2）模型必须与相关数据配对才能成为数字孪生。

3）物联网技术背景下中小企业采集数据的能力不足。

4）供应链系统尚无法共享数据。

除此之外，仍有许多未解决的数据采集问题，例如缺少数字孪生标准、数据所有权问题、数据滥用和安全问题等。

2. 系统建模环境

客户对供应链系统的需求是多样化的，供应链需求的不确定性、紧迫性、峰值性、弱经济性、非常规性以及政府和市场的共同参与性等都要求供应链管理必须高效。从供应链系统的复杂性角度出发，数字孪生技术的发展可能面临以下挑战。

1）需要重新设计和优化系统建模工具。传统建模软件并非针对当今可用的传感器，需要重新加工并重新思考业务的设计、构建和操作。

2）面向供应链管理的数字孪生建模环境应具备可扩展性，其中包括数据可扩展性和功能可扩展性。

3）数字孪生系统的安全性。大多数国内的软件技术公司都不同程度地使用开源软件，通过修改或使用部分开源组件进行软件开发，可能存在软件漏洞，使得软件供应链信息存在安全风险。

4）仿真软件的依赖性和建模工具单一化。开发数字孪生需要捕捉复杂的现实世界数据，并且通常需要不止一种建模方法。

案例5-3 --

基于数字孪生的船舶制造供应链全生命周期管控

在全球制造业产业转型升级的趋势下，设计能力落后、运维管控数字化水平低、配套产业发展滞后等问题仍制约着船舶行业制造供应链的发展。将数字孪生技术与船舶制造供应链相结合，参照数字孪生的五维模型，开展基于数字孪生的船舶设计、制造、运维、使用等全生命周期一体化管控，是解决上述问题的有效手段。

1. 基于数字孪生的船舶制造供应链精细化设计

大量的船舶制造供应链数字孪生数据能够支持知识数据库的建立，并辅助相关的建模工作。采用数字孪生建模技术及模型融合理论，能够为各学科模型的构建与融合提供解决思路，数字孪生的高仿真环境也可以提高设计验证能力、加快设计速度、提高设计精度。

2. 基于数字孪生的船舶制造供应链智能建造

船舶制造供应链的质量会影响其全生命管理周期。目前，船舶制造供应链管理正在向数字化转型，将数字孪生船舶设计与工艺仿真结合，可以实现对现场的实时监控、数字化管理和工艺优化，同时以三维工艺文件的形式辅助工人操作，并将工人的装配经验和知识转化为知识库，用于后续的工艺指导和仿真训练。

3. 基于数字孪生的船舶辅助航行

在物流运输过程中，舱内信息相对封闭，舱外环境复杂多变，航行时难以监控。对于大型舰船，其航行运转需要船内各个系统的配合，整体系统调度缺乏数字化统一管控。

针对以上现状，结合数字孪生技术搭建船舶辅助航行平台，一方面可以采集实时数据，监控船舶的各种状况，实时反馈给船员；另一方面能够调度管控船舶各系统，并借助相关优化策略，辅助船员控制航行。

4. 基于数字孪生的船舶故障预测与健康管控

运输过程的安全性对船舶具有极其重要的意义，准确有效的运维方法能够大大提高船舶故障预测和健康管理的效率。基于数字孪生的船舶故障预测和健康管理能够基于动态实时数据的采集与处理，快速捕捉故障现象并准确定位故障原因，同时评估设备状态，进行预测和维修。

本 章 小 结

本章主要介绍了数字孪生技术及其应用于物流大数据和供应链管理大数据领域的相关知识。对于数字孪生，本章主要介绍了数字孪生的定义、价值体现及意义、技术体系、核心技术以及与智能制造的关系；对于数字孪生在物流大数据领域的应用，本章主要介绍了数字孪生技术在仓储、配送、包装等环节的应用；对于数字孪生在供应链管理大数据领域的应用，本章主要介绍了数字孪生技术在规划、交通和服务、优化库存、预测包装材料的性能、供应链综合协调等方面的应用，并介绍了数字孪生技术应用于该领域可能遇到的阻碍。

关 键 概 念

数字孪生 Digital Twin
智能制造 Intelligent Manufacturing
全生命周期数据管理 Life Cycle Data Management

思 考 题

1. 什么是数字孪生技术？
2. 数字孪生技术的价值体现及意义是什么？
3. 数字孪生技术体系是什么样的？
4. 数字孪生的核心技术有哪些？
5. 举例说明数字孪生技术在物流管理大数据中的具体应用。
6. 数字孪生技术对供应链管理大数据起到什么作用？
7. 数字孪生技术在供应链管理大数据中主要有哪些应用？

第六章

物流大数据与复杂网络

学习目的

　　通过本章学习，了解复杂网络的定义；掌握复杂网络的特性和常用分析指标；熟悉复杂网络在物流大数据和供应链管理大数据中的应用。

6.1 复杂网络概述

6.1.1 复杂网络的定义

　　生活中最常见的复杂网络是互联网。互联网从只有几个节点的简单网络发展到用户数以亿计的庞大规模，其用户来自不同的国家和地区，不同用户之间的联系多种多样，网络的复杂性也随之增加。人体也是一个庞大的复杂系统，大脑当中的神经网络是由 100 亿个以上神经元互相连接在一起形成的复杂网络。

　　复杂网络不仅表现为网络规模庞大以及结构复杂，在时间、空间和行为上也表现出复杂的动态特征。复杂网络不仅是一种数据的表现形式，也是一种科学研究的手段。复杂网络的研究目前受到了广泛的关注和研究，本章对复杂网络及其在物流大数据中的应用进行介绍。

6.1.2 复杂网络的特性

1. 小世界效应

　　小世界效应又称为六度空间理论或六度分割理论。小世界效应指出，社交网络中的成员和其他任何一个陌生人之间所间隔的人不会超过六个。通常使用以下两个特征来衡量复杂网络的小世界效应。

　　1）平均路径长度。在网络中任选两个节点，连通这两个节点的最少边数就是这两个节点的路径长度。网络中所有节点对的路径长度平均值定义为网络的平均路径长度，这是网络的全局特征。

　　2）聚类系数。用实际存在的边数除以最多可能存在的边数，得到的数值就是这个节点的聚类系数，所有节点聚类系数的均值定义为网络的聚类系数。

　　平均路径长度小而聚类系数大的网络具备小世界效应。复杂网络的小世界效应与网络中的信息传播有着密切的联系，实际的社会、生态等网络都是小世界网络。在这样的系统里，信息传递速度快，少量改变几个连接就可以剧烈地改变网络性能，例如改动几条线路就可以显著提升蜂窝电话网的性能。

2. 无标度特性

网络的无标度特性反映了节点之间连接状况的不均匀性。现实世界中的大部分网络都不是随机网络，少数节点拥有大量连接，大部分节点却只连接几个节点。幂指数函数在双对数坐标中是一条直线，其所表征的幂律分布与系统特征长度无关，将度分布符合幂律分布的复杂网络称为无标度网络。

无标度特性反映了复杂网络的异质性，各节点之间的连接状况（度数）具有严重的不均匀性，网络中少数称为"Hub 点"的节点拥有较多连接，而大多数节点只有很少量连接。少数"Hub 点"对无标度网络的运行起着主导作用，如图 6-1 所示。从广义上说，无标度特性是描述大量复杂系统整体分布严重不均的一种内在性质。

复杂网络的无标度特性与网络的鲁棒性分析具有密切关系。研究表明，无标度网络具有很强的容错性，但是对基于节点度值的选择性攻击而言，其抗攻击能力相当差。高度数节点的存在极大削弱了网络的鲁棒性，一个恶意攻击者只需要攻击高度数的节点，就能使网络迅速瘫痪。

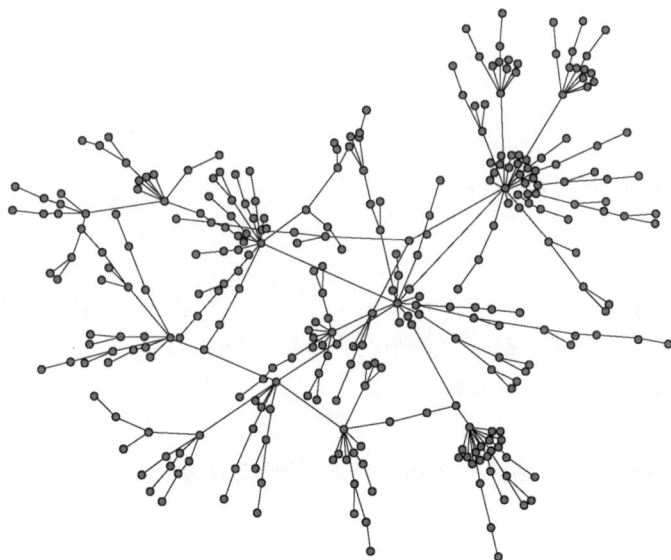

图 6-1 无标度网络

3. 社团结构

社团结构刻画的是信息网络中节点间连接关系的局部聚集特性。网络中的社团通常由功能相近或性质相似的网络节点组成，也就是说，同一个社团结构内的节点联系紧密，不同社团结构的节点联系稀疏。社团结构是中观尺度网络性质的体现，研究网络中的社团结构是了解网络结构和功能的重要途径。

早期的研究始于非重叠社团结构，一个节点只属于一个社区。在实际生活中，常常存在重叠社团结构，如图 6-2 所示，同一个人可能既属于篮球俱乐部，也属于乒乓球俱乐部。

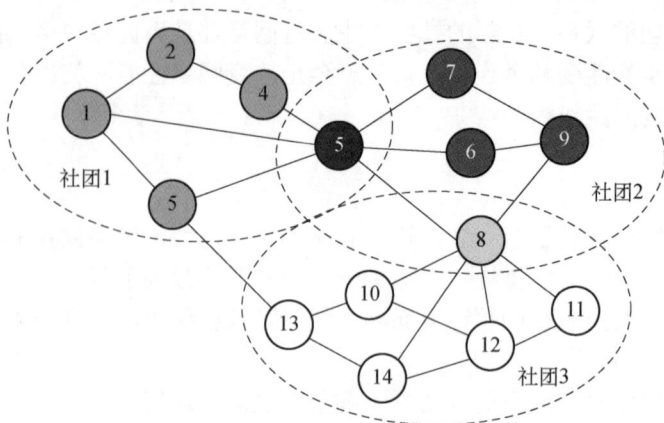

图 6-2　重叠社团结构

在大规模复杂的社会网络中，不仅存在重叠社团结构，还常常存在基于某些中心性节点的社团结构，例如明星粉丝团等。这些中心性节点也称为领袖节点，相对网络中的其他参与者节点，中心性节点具有一定的领导功能。

6.1.3　复杂网络的常用分析指标

1. 节点数

节点数指网络中包含的节点数量。

2. 连接数

连接数指网络中包含的边的数量。

3. 网络路径

两个节点 i 与 j 间的路径由从节点 i 到节点 j 所经过的边组成，路径长度即为所经过的边数，节点 i 到节点 j 的所有通路都是这两个节点之间的网络路径。

4. 网络密度

网络密度指网络中包含的边数量占网络中所有可能的边数量的比例。

5. 介数

介数分为点介数和边介数，点介数指网络中经过某个节点的最短路径数占网络中所有最短路径数的比例；边介数指网络中经过某条边的最短路径数占网络中所有最短路径数的比例。

6. 度

网络中某个节点的度指与该点相连的边的数量。在有些网络中，边具有方向性，因此节点度在有向图中又分为入度和出度。节点的入度指以该点为终点的边的数量，节点的出度指以该点为起点的边的数量。

7. 度分布

在复杂网络中，度分布指各个节点度的分布情况，复杂网络中节点的度分布具有幂律特性。

8. 传递性

复杂网络的传递性用平均路径长度来衡量，平均路径长度 L 表示网络中任意节点到其他所有节点的平均距离。

$$L = \frac{2}{N(N-1)} \sum_{i>j} d_{ij}$$

式中，d_{ij} 表示从节点 i 到节点 j 的最短路径长度，N 表示网络中的节点数量。

9. 互惠性

互惠性是有向图的性质，即双向连接的边占所有边的比例 H。

$$H = \frac{\sum_{i,\,j \in N} M_{ij,\,ji}}{M}$$

式中，$M_{ij,\,ji}$ 表示节点 i 和节点 j 之间双向连接的边。

10. 同配性

真实网络中节点之间的连接选择并不是均等的，而是存在明显的偏好。连接偏好导致网络中节点与节点之间的连接存在某种相关性，美国密歇根大学的物理学教授 Mark Newman 根据复杂网络节点之间这种连接相关性，提出同配性（Assortativity）和异配性（Disassortativity）概念来区分节点之间的连接偏好，并利用同配系数 r^w（也称皮尔森相关系数）来量化节点之间的连接。

$$r^w = \frac{M^{-1} \sum_{i,\,j \in N} S_i S_j - \left[M^{-1} \sum_{i,\,j \in N} \frac{1}{2}(S_i + S_j) \right]^2}{M^{-1} \sum_{i,\,j \in N} \frac{1}{2}(S_i^2 + S_j^2) - \left[M^{-1} \sum_{i,\,j \in N} \frac{1}{2}(S_i + S_j) \right]^2}$$

式中，M 是网络中连边的总条数；N 是节点 i 和节点 j 共同的连接节点集合。r^w 的取值范围为 $-1 \sim 1$，$r^w > 0$ 表示该网络为同向匹配网络，$r^w < 0$ 则为异向匹配网络。

11. 聚类系数

按照图形理论，聚类系数是表示一个图形中节点聚集程度的系数。研究表明，在现实网络中，由于部分节点间的联系密度较高，节点总是趋向于建立严密的组织关系。

在很多网络中，如果节点 v_1 连接节点 v_2，节点 v_2 连接节点 v_3，那么节点 v_3 也倾向于连接 v_1。这种现象体现了部分节点间存在的密集连接性质，可以用聚类系数 C 来表示。

$$C = \frac{2n}{k(k-1)}$$

式中，n 表示节点 v 的所有 k 个邻居间的边数。

嘉鱼县城乡物流网络现状分析

湖北省嘉鱼县正在积极构建"县—镇—村"三级物流网络体系，通过一级物流节点县物流园区、二级物流节点镇区域配送中心及三级物流节点农村物流服务中心建立了覆盖嘉鱼县、镇及各自然村的农村物流网络体系，初步形成了"布局合理、双向高效"的城乡三级物流网络体系，如图6-3所示。嘉鱼县主要涉农节点分布情况如表6-1所示。

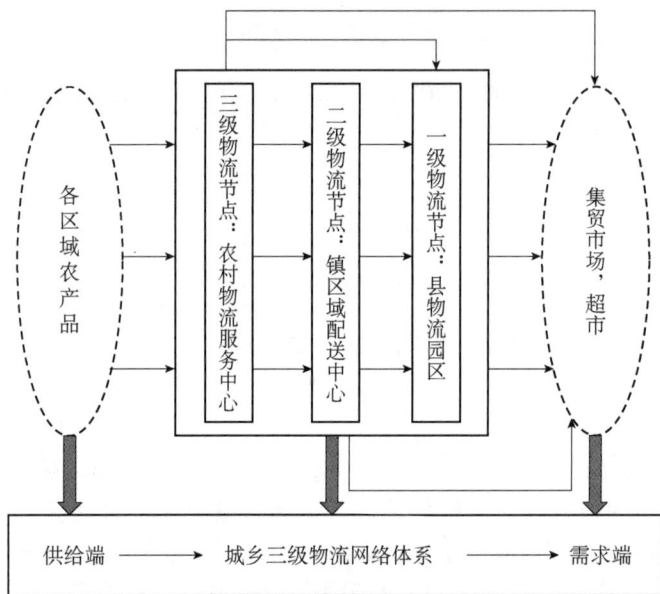

图6-3 嘉鱼县城乡三级物流网络体系

表6-1 嘉鱼县主要涉农节点分布情况

类别	数量	名称	地点	备注
农村合作社、基地	35	农产品、水果专业合作社	境内乡镇	供给端
物流节点	1	金润农村物流中心	潘家湾	城乡三级物流网络体系
	1	嘉安冷链物流中心	新街	
	1	陆溪口蔬菜物流配送中心	陆溪	
	9	客运站	境内乡镇	
	36	第三方物流企业	境内乡镇	
	25	万村千乡	境内乡村	
	51	供销社农村服务社	境内乡村	
涉农交易市场	9	各乡镇农贸市场	境内乡镇	需求端
涉农生鲜超市	3	中百、世纪超市	鱼岳	
跨区域市场	5	五大港区集散中心	潘家湾等	

运用复杂网络分析方法对嘉鱼县物流网络体系进行分析，结果表明，嘉鱼县物流网络体系主要由三个渠道构成，即邮政物流渠道、万村千乡物流渠道及第三方物流渠道，各渠道的网络效率较高，但整体网络效率偏低。关键性节点主要由四个大型物流中心构成，但每个物

流中心的度值并不高，且整体网络聚类系数偏低，平均路径较长，说明关键点的连接及整合效应并不明显。

通过对嘉鱼县物流节点的网络拓扑图和网络密度值分析可知，其物流节点分布不均匀，整体布局结构不合理。造成上述现象的主要原因是，第三方物流渠道均是以自身角度进行节点布局的，追求的是各自网络效率的最优化，从而忽略了整体网络的效率及布局问题。

因此，应该从网络整体视角出发，对第三方物流渠道的物流节点进行资源整合，运用全局优化理念，对网络节点进行适当的合并、消除及新增，从渠道及资源整合的角度重构嘉鱼县城乡物流网络体系。

6.2　复杂网络在物流大数据中的应用

复杂网络为揭示现实中各类网络的结构特征、演化机制和动力学规律提供了研究工具与方法。在物流网络中，各种各样的因素影响着运输、仓储、包装、流通和配送等各个物流环节，可以运用复杂网络的研究方法分析物流网络中存在的问题。近年来，复杂网络在物流大数据方面的应用研究也逐渐广泛和深入，主要体现在以下几个方面。

6.2.1　复杂网络在物流规划中的应用

物流规划中存在海量多源异构数据，例如节点数据和路径优化数据等。复杂网络分析为物流规划中大数据的应用提供了重要方法，不仅可以对网络静态几何量及统计性质进行分析，还可以结合小世界网络、无标度网络等演化模型对物流规划网络的动力学性质进行探讨，从而对网络演化规律提出优化建议。复杂网络分析方法可以帮助识别出物流规划网络中的幂律分布特征，优化物流节点，提升网络整体运行效率。

6.2.2　复杂网络在应急物流中的应用

应急物流是针对突发性因素而采取的以时间效益最大化和事件损失最小化为目的的特种物流活动，具有突发且不可预知、时间紧迫、随机等区别于一般物流的特点。应急物流在生活中随处可见，例如大型活动（春运、冬奥会等）或企业的销售高峰引起的物资流动问题等。

应急物流网络在进行紧急保障活动时，其网络节点很有可能遇到突发性事故，从而造成整个应急物流网络功能受损或瘫痪，这将会造成更为严重的后果。要在充满不确定性的环境中保持动态稳定，不但需要调整自身结构和流程，还必须科学测度网络中局部互动关系的优劣和互动程度的大小等网络性能。

应急物流网络中存在大量多源异构数据。在此基础上，构建应急物流网络抗毁性测度模型并在不同攻击策略下分析单点应急物流网络的抗毁性能，会发现边攻击的抗毁性能高于顶点攻击。这也表示，在进行应急物流网络布局时，应注重加强不同节点之间的联系，丰富联系路径或巩固已有联系，从而提高应急状态下物流网络的稳定性与恢复能力。

6.2.3 复杂网络在快递配送网络中的应用

配送网络是由两个以上互相区别又互相联系的单元结合起来，以完成实体流动为目的的有机结合体。配送网络由多个单元构成，这些最基本的单元包括仓库、配送中心、中转仓库、分销商，零售商等，其复杂性主要体现在以下三个方面。

1）配送网络结构的复杂性。网络结构的复杂性通常体现在网络的大规模性、行为的统计性、连接结构的复杂性、网络连接的稀疏性等方面。随着企业业务的发展，配送范围扩大，为满足一定的客户需求，配送网点数量增加，使得配送网络呈现大规模发展的趋势。

2）配送网络节点的复杂性。节点的复杂性通常表现为节点动力学行为的复杂性和网络节点之间的同步运动。当不停地进行物质流动时，这些节点已经不再是简单的起点与终点的关系。此外，物流配送网络节点上物流阻塞的形成、传播以及消散等规律也具有复杂的动态特性。

3）配送网络中各种复杂性因素的相互影响。实际的复杂网络会受到各种各样因素的影响和作用，使网络产生时间和空间上演化的复杂性。配送网络中的动态因素包括车流量变化、道路施工、配送客户的变动、可供调动的车辆变动等；静态因素包括配送客户的分布区域、道路交通网络、车辆运行限制等。各种复杂性因素之间的相互影响以及对配送网络的影响使得配送网络在一定的时间和空间内进行演化，成为更加复杂的网络。

由此可见，快递配送网络是典型的复杂网络。介数较大的节点和度值较大的节点是快递网络的重要节点，这些节点遭到破坏，对网络会产生较大影响，甚至会导致网络瘫痪，因此应给予重点保护。快递企业配送网络的布局、整体特征和性能以及遭受破坏时所表现出的抗毁性对快递企业的经营水平和服务质量具有重要影响。分析快递配送网络的拓扑结构和鲁棒性一方面有助于企业深入了解配送网络的结构和性能，以进一步探索优化配送服务的方法和路径；另一方面有助于发现网络中的重要节点并进行保护，避免在遭受蓄意攻击时导致网络瘫痪，从而保证快递配送企业安全高效运营。

案例6-2

航空物流服务链网络复杂特性分析——以顺丰速运为例

近年来，随着航空运输市场逐步开放，航空物流服务发展极其迅速，以特有的时效性、安全性、节约供应链整体成本的特点吸引了广大客户。航空运输业发展态势良好得益于航空货运需求的稳步增长，也离不开国家相关政策的扶持和推动。如此庞大体量的航空运输业离不开航空物流服务的支持，各参与部门如机场、海关、航空快递公司、货代公司、客户等紧密配合、协调一致，形成航空物流服务供应链，从而实现货物的临时性仓储、运输及配送，提升了航空物流服务水平和效率。

在实际情况中，航空物流服务节点数量的设置及变化可能会导致航空物流服务效率下降，供应链结构发生动态调整而出现级联破坏，甚至造成整个供应链的崩溃。因此，如何整合航空物流服务链，合理布局航空物流网络，提升航空物流服务功能，是目前亟须解决的问题。

桂林航天工业学院管理学院和广西航空物流研究中心结合顺丰速运（集团）有限公司（以下简称为顺丰速运）在五个城市（北京、西安、上海、深圳、广州）组成航空物流服务供应链网络，从复杂网络的视角展开特性分析，结合某些特性指标，探究顺丰速运网络布局的合理性、稳定性和抗风险能力。该供应链网络能保障航空物流服务的效率，满足时效性、安全性、节约物流成本的要求，为顺丰速运在全国甚至全球的网络布局奠定良好基础。分析结果表明，货物经过 4～5 个节点就可到达目的地，周转速度较快。浦东机场和白云机场的网络聚类系数较高，表现出较强的集聚性，说明顺丰速运航空物流服务链网络整体结构较好。

6.3 复杂网络在供应链管理大数据中的应用

从本质上讲，供应链是一个开放的复杂巨系统，其复杂性体现在它的实体复杂性、结构复杂性和各环节相互联系的复杂性等。随着全球化程度加深，供应链网络涉及的企业越来越多，结构越来越复杂。采用复杂网络理论可以揭示供应链的整体特征，研究供应链网络的动态变化过程，分析供应链网络的稳定性和抗风险能力，这是以往的供应链管理研究不能完成的任务。

6.3.1 复杂网络在供应链风险管理中的应用

供应链是内部存在复杂物流、商流、信息流和资金流交换的系统，节点企业之间具有高度的关联性。复杂网络不可避免地会受到内外部各种干扰或攻击，供应链网络结构和关系的复杂性加剧了这一不确定性，使供应链风险管理越来越受到人们的关注。

复杂网络应用于供应链风险管理领域，主要研究供应链网络的稳定性、脆弱性和级联失效特征，使得在自然灾害、供应商失效、市场供需变化等风险发生的情况下能够快速恢复到正常状态。风险在供应链网络中的扩散具有过程性，受到风险波及后，企业恢复正常所需时间越久，对邻近企业产生的影响越大。供应链中的所有企业都不可置身事外，对内需要完善和加强企业的风险应急处理预案，对外需要和其他企业共同协作控制风险，避免风险进入爆发期，对供应链造成更大的破坏。

网络的级联效应是指复杂网络中的一些节点或边由于负载过大不能再承担运载，使整个网络能够承载的节点或边重新分布，从而造成新的节点或边因负载过大而崩溃。周而复始，节点或边的崩溃就会以不可估计的速度在整个网络传播开来，对网络造成严重的破坏。供应链网络中的供应商失效是一个很典型的级联效应现象，局部节点或边失效很快会蔓延到整个网络并使之瘫痪，例如，2004 年秋天美国出现流感疫苗短缺，原因是仅有的两家供应商被状告存在细菌污染问题。

针对供应链网络中的级联效应问题，应建立系统化的检测方法。例如，针对食物供应网络中的级联效应问题，应通过复杂网络节点重要性评价方法，识别供应链网络中的重要节点，并通过最大连通子图规模衡量节点失效造成的破坏性后果，为实际网络中重要节点的保护提供理论依据。在经济全球化、信息化背景下，供应链作为一个复杂网络，大多不能抵御不确定性甚至不能抵御风险。分析节点失效给供应链网络带来的冲击并采取有效措施提高供应链网络质量以应对各种攻击，对于提高供应链的运作效率和鲁棒性具有十分重要的意义。

6.3.2 复杂网络在供应链网络优化中的应用

供应链网络具有复杂网络的一般特征，网络成员自聚集联合的作用大于每个企业单独作用之和。因此，企业要想在竞争中获取优势，必须联合起来形成供应链以应对多变的市场环境。为了应对客户多样化、个性化的需求，供应链成员必须加强彼此之间的相互联系，实现信息的充分交流与共享。

供应链具有动态演化性，各节点企业相互作用，涌现出供应链整体的动态演化行为模式，这种模式会促进供应链的重组与更替。供应链与供应链之间也存在着相互影响，各个供应链相互连接起来以复杂耦合的方式进行互动并影响各自的行为模式。

从原材料采购到生产、分销、运输等现代生产过程包含了众多企业、环节及数据，导致供应链网络结构越来越复杂。利用复杂网络理论，可以分析各个节点在整个供应链中的重要程度，发现供应链中的关键节点，反映各个环节的瓶颈问题，从而对供应链进行有针对性的优化，进而实现供应链的整体优化。

6.3.3 复杂网络在供应链博弈中的应用

博弈论是研究具有斗争或竞争性质现象的数学理论和方法，也是运筹学的一个重要学科。博弈论考虑游戏中个体的预测行为和实际行为，并研究优化策略。

近年来，供应链管理对从原材料采购到成品消费整个过程所产生的各种关系、信息、物流等进行管理，以改善顾客服务。随着供应链中企业间的竞争与合作不断增强，博弈论作为一种分析企业间相互竞争及合作的工具被广泛应用，主要用于解决供应链管理中的库存决策、产量/价格博弈、多决策分析及供应链网络均衡等问题。

面对供应链中的竞争与合作，企业应该集中优势发展自己的核心竞争力，同时着眼于长期的共同发展，建立起相互信任、相互依存、风险共担、利润共分、信息共享的密切合作伙伴关系，实现供应链合作模式下的"双赢"。

结合复杂网络理论和动态博弈理论，可以对制造商和零售商的收益情况进行分析。根据多阶段的动态博弈以及网络结构中的形成机制，能得出供应链网络的运行效率及影响网络运行效率的重要因素，从而提高整个供应链系统的运行效率，使供应链中的企业获得最大利益。

案例6-3
复杂网络视角下的一汽集团供应链网络分析

在我国的汽车工业集团中，一汽集团占据较大的市场份额，其供应链网络数据有较好的代表性，本案例选取一汽集团 2015 年度的整车、发动机制造厂股比数据，构建供应链网络。

运用 Pajek 软件得到一汽集团供应链网络的拓扑结构，如图 6-4 所示。一汽集团的供应链网络可视为由众多厂商成员根据彼此间的经济合作与竞争关系，在空间网络上形成的复杂网络。

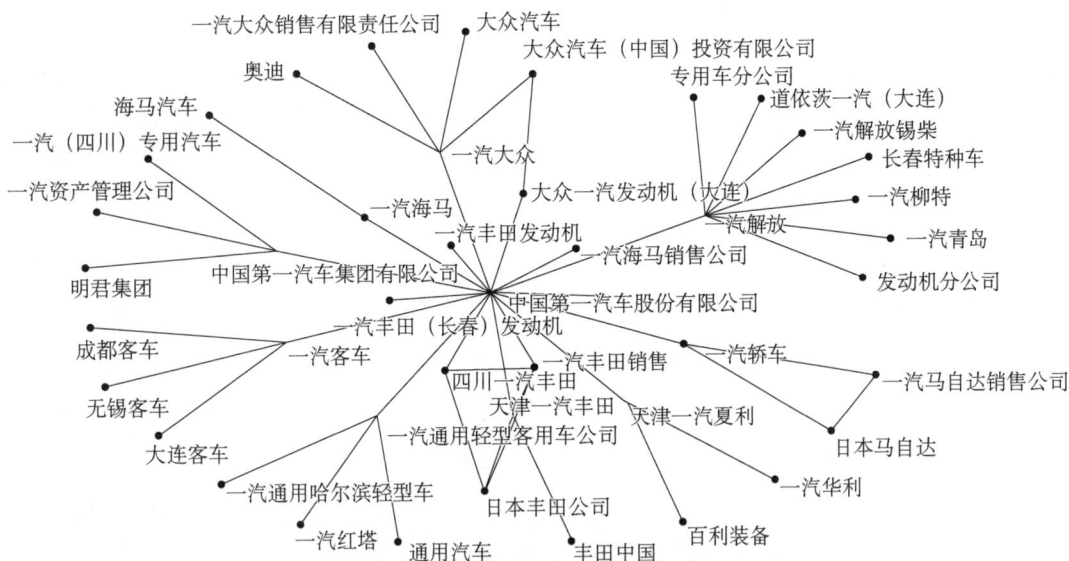

图 6-4 一汽集团供应链网络的拓扑结构

本 章 小 结

本章主要介绍了复杂网络及其应用于物流大数据和供应链管理大数据领域的相关知识。对于复杂网络，本章主要介绍了复杂网络的定义、特性和常用分析指标；对于复杂网络在物流大数据领域的应用，本章主要介绍了复杂网络在物流规划、应急物流、快递配送网络等方面的应用；对于复杂网络在供应链管理大数据领域的具体应用，本章主要介绍了复杂网络在风险管理、网络优化、供应链博弈等方面的应用。

关 键 概 念

复杂网络 Complex Network
小世界效应 Small World Phenomenon
平均路径长度 Average Path Length
聚类系数 Clustering Coefficient

思 考 题

1. 复杂网络有哪些特性？
2. 复杂网络的常用分析指标有哪些？
3. 举例说明复杂网络在物流大数据中的具体应用。

第二部分

物流大数据实操与应用

| 第七章 |

物流大数据爬取

学习目的

通过本章学习，了解大数据采集与爬取的分类；熟练掌握大数据爬取的相关软件，并能够熟练应用八爪鱼采集器、FME、Python 等软件对相关数据进行爬取。

7.1 大数据采集与爬取概述

大数据采集与爬取是指按照指定的规则或要求，自动发起请求并接收请求响应，抓取互联网信息。常见的大数据主要包括但不限于网页和手机应用的文本、图片、视频等多媒体信息。

常见的大数据采集与爬取有通用爬虫和聚焦爬虫两大类。通用爬虫又称为全网爬虫，它将爬取对象从一些种子 URL 扩充到整个 Web 上的网站，主要用途是为门户站点搜索引擎和大型 Web 服务提供商采集数据。通用爬虫的爬取范围和数量庞大，对爬取速度和存储空间要求较高，对爬取页面的顺序要求相对较低，但是由于待刷新的页面太多，通常采用并行工作方式，需要较长时间才能刷新一次页面。

聚焦爬虫又称为主题网络爬虫，是指有选择地爬取预设目标网页。相较于通用爬虫，聚焦爬虫只爬取和目标主题相关的网页，极大地节省了硬件和网络资源，保存的页面也由于数量少而更新快，可以更好地满足一些特定人群对特定领域信息的需求。物流大数据的爬取通常采用聚焦爬虫的方法。

7.1.1 Robots 协议

Robots 协议也称爬虫协议或机器人协议，是国际互联网界通行的道德规范。Robots 协议只是一种约定俗成的爬虫行为规范，并没有法律强制约束，也不是一种反爬手段。如果不遵守 Robots 协议，可能会存在一定的法律风险。

一般情况下，网站允许所有爬虫访问任何目录的代码如下。

```
User-agent:*
Allow:/
```

网站禁止所有爬虫访问任何目录的代码如下。

```
User-agent:*
Disallow:
```

某货运平台的 Robots 协议如图 7-1 所示，其中"Disallow:"后的部分为禁止爬虫的内容。

聚焦爬虫的基本流程如图 7-2 所示。

User-agent: *
Disallow: /peihuo/css/
Disallow: /peihuo/img/
Disallow: /peihuo/js/
Disallow: /peihuo/qg_0-*
Disallow: /index.php?*
Disallow: /peihuo/*-W*-T*/*

Disallow: /report.html
Disallow: /report_record.html
Disallow: /search.html
Disallow: /verifyIdCard.html
Disallow: /freight/

图 7-1　某货运平台的 Robots 协议

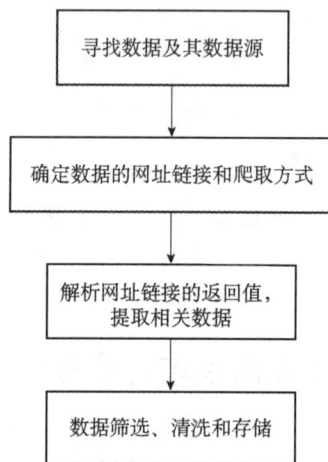

图 7-2　聚焦爬虫的基本流程

（流程图：寻找数据及其数据源 → 确定数据的网址链接和爬取方式 → 解析网址链接的返回值，提取相关数据 → 数据筛选、清洗和存储）

聚焦爬虫需要编写爬虫程序或脚本，从一个或多个初始 URL 地址中确定数据及数据源，并获得符合某个主题的特定网页 URL，再根据这些 URL 抓取网页内容，提取有价值的信息，这些信息将用于后续进一步的数据分析。

7.1.2　Request 与 Response

浏览器发送 Request 信息给网址所在的服务器，服务器收到浏览器发送的信息后，做相应处理，然后把信息回传给浏览器。浏览器收到服务器的 Response 信息后，会对信息进行相应处理并展示，如图 7-3 所示。

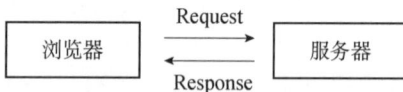

浏览器 ⇄ 服务器（Request / Response）

图 7-3　Request 与 Response 过程示意图

1. Request 请求

Request 请求方式主要包括 GET 和 POST 两种类型，另外还有 HEAD、PUT、DELETE、OPTIONS 等。

请求头（Request Header）主要包含请求时的头部信息，例如 User-Agent、Host、Cookie 等信息。

请求体（Request Body）是请求时额外携带的信息，例如表单提交时的表单数据。

2. Response 响应

状态码（Status Code）有多种响应状态，例如，状态码"200"代表"成功"；状态码"301"代表"跳转"；状态码"404"代表"无法找到页面"；状态码"502"代表"服务器错误"。

响应头（Response Header）包含内容类型、内容长度、服务器信息、日期时间等信息。

7.1.3 网页内容形式

爬虫程序抓取的绝大部分网页数据可以分为 HTML 源码数据、XML 数据与 JSON 数据。

1. HTML 源码数据

HTML（超文本标记语言）是构成网页文档的主要语言。HTML 组成的描述性文本标记了文字、图形、动画、声音、表格、链接等内容在网页中的显示方式。要从 HTML 源码数据中获取真正需要的数据，还需要进行筛选和整理。

2. XML 数据

XML（可扩展标记语言）是一种类似于 HTML 的标记语言。但与 HTML 不同的是，XML 是用来描述数据的，并且不是在 XML 中预定义的，而是由开发者自己定义的标记。可以说，XML 是 HTML 的有益补充，因为 HTML 的设计目标是显示数据，它聚焦于数据在网页上的表现形式，而 XML 的设计目标是描述数据，并聚焦于数据的内容。XML 数据的代码段如图 7-4 所示。

```xml
<?xml version="1.0" encoding="UTF-8"?>
<school>
    <teachers>
        <teacher>
            <name>王老师</name>
            <age>25</age>
        </teacher>
        <teacher>
            <name>李老师</name>
            <age>30</age>
        </teacher>
    </teachers>
    <students>
        <student>
            <name>小明</name>
            <age>14</age>
        </student>
        <student>
            <name>小张</name>
            <age>12</age>
        </student>
    </students>
</school>
```

图 7-4 XML 数据的代码段

3. JSON 数据

JSON 数据与 XML 数据类似，也是一种将网页数据与表现形式进行分离的解决方案。

与 XML 不同的是，JSON 是一种更加轻量级的数据交换格式，采用完全独立于编程语言的文本格式来存储和表示数据。

7.1.4 数据存储

在实际应用中，爬取到的数据需要以某一特定格式存储下来。存储数据的方式有很多种，比如存储在文本文件中或数据库中。

1. 以 TXT 格式存储

以 TXT 格式存储的操作十分简单，兼容性好，但缺点是不利于数据的检索。

2. 以 CSV 格式存储

CSV 是逗号分隔值文件格式，以纯文本的形式存储表格数据（包括数字和文本）。CSV文件的每一行都用换行符分隔，列与列之间用逗号分隔。CSV 文件既可用记事本打开，也可用 Excel 打开，解决了不同变量数据的分隔问题。大数据处理文件大多以 CSV 格式进行存储。

3. 以 Excel 格式存储

以 Excel 格式存储的文件本质是二进制文件，可以存储更多的信息。

4. 以数据库形式存储

爬取后的数据可以存储到关系数据库中，关系数据库会将数据保存在不同的表中，而不是将所有数据放在一个大文件内，这样就增加了写入和提取的速度，数据存储也比较灵活。对于大批量的数据抓取，通过数据条件保证数据的完整性和有效性，能够存储各类数据信息。数据库形式有利于保持数据的一致性，且数据更新的成本低，方便进行复杂查询，是首选的数据存储方式。常见的数据库有 MySQL、PostgreSQL 和 MongoDB 等。

7.2 大数据爬取软件介绍

7.2.1 八爪鱼采集器

1. 软件简介

八爪鱼采集器是一款使用简单、功能强大的网络爬虫工具，通过模拟人浏览网页的行为，以简单的页面点选方式生成自动化的采集流程，将网页数据转化为结构化数据并存储为Excel 或数据库等多种形式。

八爪鱼采集器以分布式云计算平台为核心，结合智能识别算法和可视化的操作界面，从不同的网站或网页获取标准化数据，帮助需要从网页获取信息的客户采集和导出数据，从而提高数据爬取的效率。

2. 软件功能

1）云采集。5000 台云服务器高效稳定采集数据，结合应用程序界面无缝对接内部系统，定期同步爬取数据。

2）智能采集。软件提供多种网页采集策略与配套资源，帮助采集过程实现数据的完整性与稳定性。

3）多种模板。软件内置数百个网站数据源，覆盖多个行业，只需简单设置，就可快速准确获取数据。

4）稳定高效。分布式云集群服务器和多用户协作管理平台支撑，可灵活调度任务，顺利爬取海量数据。

3. 操作流程

1）第一步：打开客户端，选择简易模式和相应的网站模板。
2）第二步：预览模板的采集字段、参数设置和示例数据。
3）第三步：设置对应的参数，保存运行完成数据采集。

7.2.2　FME

1. 软件简介

FME（Feature Manipulate Engine）是加拿大 Safe Software 公司开发的一款空间数据与非空间数据加载、转换、集成、导出、共享的产品，支持超过 325 种数据格式，是世界领先的空间数据交换与共享技术。

2. 软件功能

FME 最强大的功能是数据转换，主要包括结构转换和内容转换两个方面。结构转换是指将源数据格式进行拆分、合并、重构，转化为 FME 的内部标准数据结构，再发送为目标数据格式。内容转换则是改变一个数据集的内容，包括要素的几何特征和属性值。

在软件的“Workbench”工具中能实现一系列可视化建模操作，例如通过可视化建模的方式，增加 Reader（读模块）的源数据和 Writer（写模块）的源数据，为两种不同类型的数据建立映射关系，也可以在其中增加函数处理关系，形成源数据到目标数据的处理流程。

3. 采集与爬取的功能实现

FME 中涉及采集与爬取的模块主要有以下三个。
1）HTTPCaller 模块
此模块可通过 HTTP 或 HTTPS 访问 URL，并且执行 GET、PUT、POST、DELETE、HEAD、PATCH 或者 OPTIONS 等操作。
HTTP 响应体可保存在属性或文件中，默认情况下 HTTP 响应状态代码储存在以状态代码属性参数命名的属性中。
2）HTMLExtractor 模块
此模块可以提取网络页面的 HTML 源代码数据，并且可以使用 CSS 选择器提取 HTML

内容到要素属性中。

3）JSONExtractor 模块

此模块可以将 HTTPCaller 模块请求后的 JSON 数据提取出来，并将 JSON 格式化文本提取到要素属性中。

4. 操作流程

1）第一步：打开 FME 软件，创建新的工作空间，添加 HTTPCaller 模块，并设置请求方式、响应体等参数。

2）第二步：添加 Writer（写模块）的源数据，设置保存的数据格式、文件位置等，并将各模块依次连接起来。

3）第三步：单击菜单栏中的运行按钮，即可运行整个程序，得到网页源码数据。

7.2.3　Python 爬虫

1. Python 爬虫简介

网络爬虫是基于 Python、R 等计算机语言运行的一种程序，是模拟客户端向网站发起请求，获取资源后分析并提取有用数据的程序。用户看到的网页实际上是由 HTML 代码构成的，爬虫爬取到的便是这些内容，通过分析和过滤这些 HTML 代码，可获取图片、文字等资源。从原则上讲，浏览器能够做的事情，爬虫都能够做到。

爬虫程序要做的是：模拟浏览器发送请求→下载网页代码→提取有用的数据→将数据存放于数据库或文件中。本节介绍的是基于 Python 的爬虫程序。

2. Python 爬虫的基本流程

1）第一步：向目标站点发起请求，Request 信息可以包含请求头、请求体等。

2）第二步：如果服务器能正常响应，则会收到 Response 信息，Response 的内容便是所要获取的页面内容，可能是 HTML 源码、JSON 字符串、二进制数据（图片或者视频）等类型。

3）第三步：用正则表达式或第三方解析库解析数据。

4）第四步：将数据存为文本，也可以保存到数据库，或者保存为特定格式的文件。

3. Python 爬虫利器——常用的第三方库

Python 爬虫网络库主要包括 urllib、pycurl、urllib3、httplib2、mechanize、socket、hyper、treq 以及 aiohttp 等。以 urllib 库为例，urllib 是 Python 内置的一个 HTTP 请求库，不需要额外安装，有以下四个模块。

1）urllib.request：请求模块，发起请求。

2）urllib.error：异常处理模块，处理错误。

3）urllib.parse：解析模块，解析 URL 或目录等。

4）urllib.robotparser：解析网站的 robot.txt 文件。

每个网络库的具体介绍和使用方法以官方说明文档为准。

7.2.4 应用与实操：货运平台大数据爬取

1. 操作环境

1）操作系统：Windows 10 系统
2）软件平台：Python 2020.3.2、Excel 2010

2. 应用背景

有效的供应链管理是实体经济发展的重要保障，货运企业和货主企业则是供应链中重要的组成部分。据统计，我国传统货运企业和货主企业有上万家，但信息化程度普遍较低，严重制约了我国货运行业低成本、高效率地发展。加快货运行业的网络化、智能化，是降低货运成本、提升运转效率的必然选择。在这种背景下，众多货运信息平台应运而生。

本节以好运物流网的车货匹配数据为例，简要介绍货运数据爬取的思路和流程。

3. 大数据爬取实操

本节运用 Python 编辑爬虫程序（或八爪鱼采集器等）获取好运物流网上"货运车辆"一栏中的车货匹配信息。首先打开好运物流网首页，单击"货运车辆"一栏，按键盘上的"F12 键"打开控制台，确定通过 GET 方式爬取数据。

在搜索条件中设置"车辆出发地/所在地"和"到达地"为广东省内的广州、深圳、佛山、东莞、茂名和湛江 6 个城市，如图 7-5 所示。

图 7-5 好运物流网网页示意

主要提取的货运数据包括出发地、到达地和上传时间等，如图 7-6 所示。

好运物流网上的货运车辆信息要通过二级页面来爬取，即先从一级页面中获取二级详情页的 URL 地址，才能获得具体的车辆信息。对一级页面进行爬取的主要代码如下。

```
def parse_html(self,url):#爬取一级页面的 href
    one_html = self.get_html(url)
```

```
        p = etree.HTML(one_html)
        href_list = p.xpath('.//td[@style="font-weight:bold;font-size:14px;"]
//a/@href')#从一级页面中解析出每个需要跟进的 URL 地址
        for href in href_list:
            self.get_one_car_info(href)#传参
            time.sleep(random.randint(1,2))
    def get_one_car_info(self,href):#获取二级页面中每一辆车的具体信息
        two_html = self.get_html(href)
        info_list = etree.HTML(two_html)
```

图 7-6　提取的货运数据

从一级页面爬取到每条信息的详情页链接（二级页面）后，需要从该二级页面中提取出发地、到达地、核载、车辆体积、车辆厢型、上传时间、联系方式等详细信息。以好运物流网的货运信息爬取程序为例，信息提取的主要代码如下。

```
        item['origin'] = info.xpath('.//div[@id="div_peihuo"]/table//
tr[1]/td[1]/text()')[0].strip() #出发地
        item['destination'] = info.xpath('.//div[@id="div_peihuo"]/
table//tr[1]/td[3]/text()')[0].strip() # 到达地
        item['weight'] = info.xpath('.//form[@method="post"]/div[5]/
div[2]/div[1]//tr[3]//td[1]/text()')[1].strip() # 核载
        item['volume'] = info.xpath('.//form[@method="post"]/div[5]/
```

```
div[2]/div[1]//tr[4]//td[1]/text()')[1].strip()#车辆体积
                item['form'] = info.xpath('.//form[@method=" post "]/div[5]/
div[2]/div[1]//tr[4]//td[2]/text()')[1].strip()  # 车辆厢型:低栏 or 高栏 or 平板
                item['load_date'] = info.xpath('.//form[@method="post"]/div[5]/
div[2]/div[1]//tr[6]//td[1]/text()')[1].strip()  # 上传时间
                item['tel'] = info.xpath('.//form[@method="post"]/div[5]/div
[3]//div/div[3]/table//tr[3]/td[1]/span[@class="mob"]/text()')[0].strip()#联系
方式
```

货运数据爬取结果如图 7-7 所示。

2240	14070	舟山	温州	电询	30.00吨	2020/2/6	17.5*3*2.8	普通运输	非固定线	单车	电话：057	2020/2/6 10:30:47
2241	14394	宁波	温州	4200.00电	145.00吨	2020/2/6	13*2.4*2.8	普通运输	非固定线	半挂	电话：057	2020/2/6 10:30:47
2242	14946	慈溪	温州	电询	31.00吨	2020/2/6	17.5*3*2.8	普通运输	非固定线	单车	电话：057	2020/2/6 10:30:47
2243	15450	南京	温州物流专线	电询	30.00吨	2020/2/6	配货时间	普通运输	专线	单车	电话：025	2020/2/6 9:40:59
2244	15737	常州	温州配货	电询	32.00吨	2020/2/9	13*9.6*6.8	货运出租	专线	半挂	电话：货	2020/2/6 9:30:07
2245	16029	厦门	宁德温州台州绍兴淮安临	电询	20.00吨	2020/2/9	9.6*2.5*2.	大件运输	非固定线	前四后八	电话：【	2020/2/6 9:25:39
2246	16081	上海	嘉定区-昆山-温州-丽江返	电询	5.00吨	2020/2/9	4.2*2.2*2	普通运输	非固定线	单车	电话：【	2020/2/6 9:26:20
2247	16242	杭州	金华-丽水-温州-台州-宁波	电询	10.00吨	2020/2/9	6.8*2.4*2.	普通运输	非固定线	单车	电话：【	2020/2/6 9:22:24
2248	16305	商河县	蒙阴-新沂-宝应-高港-仙居	电询	20.00吨	2020/2/9	9.6*2.5*2.	大件运输	非固定线	单车	电话：【	2020/2/6 9:19:14

图 7-7 货运数据爬取结果

接下来可以进一步对爬取到的数据进行分析与可视化，也可尝试爬取不同类型的数据。学习爬虫是一个漫长的过程，可以从最简单的影评、书评、货运信息等数据入手，先尝试简单的网络爬虫，再逐步学习更为复杂的 Selenium 或 Scrapy 爬虫框架。

本 章 小 结

本章主要介绍了大数据采集与爬取的定义、相关协议、抓取的网页内容形式以及数据存储形式；还详细介绍了八爪鱼采集器、FME、Python 爬虫三种大数据爬取方式；并以货运平台大数据爬取为例，介绍了 Python 爬虫的具体应用与实操。

| 第八章 |
物流大数据可视化

学习目的

通过本章学习，了解数据可视化的定义及发展历程；了解数据可视化在物流领域的应用；掌握大数据可视化的相关软件，并能够熟练应用 ECharts、Gephi 等数据可视化软件进行可视化操作。

8.1 大数据可视化

8.1.1 数据可视化的定义及发展历程

人的大脑对视觉信息的处理速度优于文本信息，使用图表、图形等视觉元素可以帮助人们快速理解数据的含义。换言之，数据可视化是将抽象语言进行具象可视化的过程。

数据可视化起源于二十世纪六十年代的计算机图形学，人们使用计算机创建图形图表并可视化提取出来的数据，将数据的各种属性和变量呈现出来。随着计算机硬件的发展，人们创建出更复杂、规模更大的数字模型，发展出更先进的数据采集和保存设备，需要更高级的计算机图形学技术及方法来创建这些规模庞大的数据集。随着数据可视化应用领域的增加以及表现形式的不断变化，数据可视化同所有新兴概念一样，范围不断扩大。

饼图、直方图、散点图、柱状图等都是最原始的统计图表，也是数据可视化最基础和最常见的应用，只能呈现基本信息。面对复杂或大规模异型数据集如商业分析、财务报表、人口状况分布、媒体效果反馈、用户行为数据等，数据可视化面临的状况更加复杂。

如今的数据可视化一般包括数据的采集、分析、管理、挖掘等一系列复杂过程，通过设计一种表现形式（立体的、二维的、动态的、实时的或交互的）创建对应的可视化算法及技术实现手段，包括建模方法、处理大规模数据的体系架构、交互技术、放大缩小方法等。

大型的数据可视化作品或项目往往需要多领域专业人士的协同工作。数据可视化能够让人类操纵和解释如此多样、错综复杂的跨领域信息，说明其本身既是一种技术，也是一门艺术。

8.1.2 物流领域的数据可视化

物流在线化运作产生了大量业务数据，使得物流大数据从理念变为现实。通过对物流大数据进行处理与分析，能够挖掘对企业运营管理有价值的信息，科学合理地进行管理决策，降低生产成本。"业务数据化"正在成为智慧物流的重要基础，而"数据可视化"则成为"业务数据化"的重要实现手段。

大数据可视化利用物流行业运输、仓储、分拣、配送、包装、流通、客服等全供应链数据，进行实时监控、高效分析和呈现处理，保证服务品质。

在数据可视化概念出现之前，人们对于数据可视化的应用便已十分广泛，大到人口数据，小到学生成绩统计，都能通过可视化的方式展现。在大数据时代，处理数据时首先要明确打算通过数据可视化表达什么信息或内容，了解这一点之后，便能选择合理的数据可视化方法，高效传达数据中的信息。

8.2 ECharts 软件在数据可视化中的应用

8.2.1 软件介绍

ECharts 是由百度团队捐献给 Apache 开源软件基金会的一个开源可视化工具，目前广泛应用于 PC 端和移动端的大部分浏览器。ECharts 是一款基于 JavaScript 的数据可视化图表库，提供直观、生动、可交互、可个性化定制的数据可视化图表。

ECharts 支持折线图、柱状图、散点图、K 线图、饼图、雷达图、和弦图、力导向布局图、地图、仪表盘、漏斗图、事件河流图等 12 类图表，同时提供标题、气泡、图例、值域、数据区域、时间轴、工具箱等 7 个可交互组件，支持多图表、组件的联动和混搭展现。

自问世以来，ECharts 以其丰富的图表类型、强劲的渲染引擎、专业的数据分析、健康的开源社区、友好的无障碍访问以及炫酷的可视化设计受到了众多使用者的青睐。

8.2.2 ECharts 功能介绍

1. 搭建开发环境

首先进入 ECharts 官网安装 ECharts，接下来需要进行开发工具的选择，即使用何种编程工具进行后续的可视化内容制作。常用的编程工具包括 VS Code（支持多种编程语言的编写）、PyCharm（Python 集成开发环境）等，可根据自身情况进行选择。

2. ECharts 组件介绍

1）标题

在 ECharts 中，标题的相关参数配置可以在"title"组件内配置，下面列举一些常用参数和具体说明。

text：主标题文本，支持用"\n"换行。

subtext：副标题文本，支持用"\n"换行。

left：标题与容器左侧的距离，其取值既可以是具体的像素值，也可以是相对于容器的百分比值。

show：是否显示标题组件，默认为"true"。

2）工具栏

在 ECharts 中，工具栏组件称为"toolbox"。通过对工具栏参数进行设置，可以将可视化结果保存至本地，下面列举一些常用参数和具体说明。

show：是否显示工具栏组件，默认为"true"。

feature：工具配置项，包含 saveAsImage、restore、dataView 等常用的子参数，其中，saveAsImage 参数的功能是将可视化结果保存在本地；restore 参数的功能是将可视化图形还原至初始设置；dataView 参数的功能是能够看到可视化的底层数据视图。

3）图例

在 ECharts 中，图例组件称为"legend"，其作用是区分不同的数据展示，下面列举一些常用参数和具体说明。

show：是否显示图例组件，默认为"true"。

left：与容器左侧的距离。

top：与容器顶部的距离，其取值既可以是具体的像素值，也可以是相对于容器的百分比值。

orient：图例的布局朝向，默认是"horizontal"（水平布局），也可设置为"vertical"（竖直布局）。

4）数据系列

数据系列是一个数组结构，形式为中括号内嵌套数个大括号，每个大括号类似于一个字典结构，包含键和值。

对于每种可视化图表，数据系列的形式并不完全相同，因此数据系列中的 type 参数是必不可少的配置项之一。以饼图为例，type 参数设置为"pie"；radius 参数用于指定饼图的半径大小；data 参数中包含了饼图中每一部分的数据。绘制饼图的主要代码如下。

```
option = {title:{text:'Referer of a Website',
  subtext:'Fake Data',
  left:'center'},
 tooltip:{trigger:'item'},
 legend:{orient:'vertical',
  left:'left'},
 series:[{name:'Access From',
   type:'pie',
   radius:'50%',
   data:[{ value:1048,name:'Search Engine' },
     { value:735,name:'Direct' },
     { value:580,name:'Email' },
     { value:484,name:'Union Ads' },
     { value:300,name:'Video Ads' }],
   emphasis:{itemStyle:{
```

```
shadowBlur:10,
shadowOffsetX:0,
shadowColor:'rgba(0,0,0,0.5)'}}}]};
```

ECharts 绘制的饼图如图 8-1 所示。

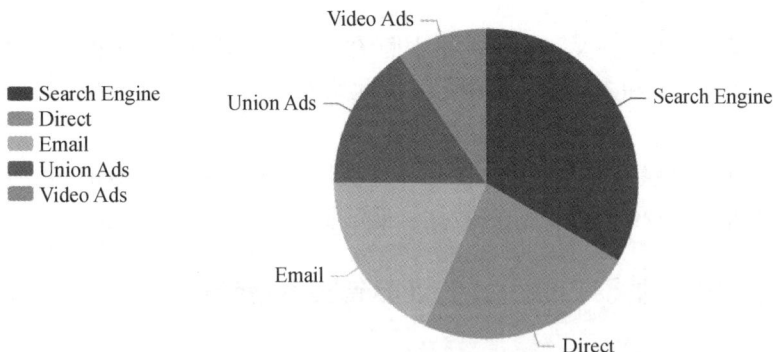

图 8-1　ECharts 绘制的饼图

5）全局字体样式

在绘制可视化图表时，设置合适的文字格式使其与可视化图表相配显得尤为重要。在全局字体样式中，可以定义字体风格、颜色、粗细等样式，常用参数及说明如下。

color：设置文字颜色，如"#dbac00"。

fontStyle：设置字体风格，可选择"normal""italic""oblique"等。

fontSize：设置字体大小。

fontWeight：设置字体粗细，可选择"normal""bold""bolder""lighter"等。

本节内容仅为 ECharts 中常见的组件和参数设置，更多 ECharts 组件和配置项说明可参考其官网的配置项手册。

3. 图表样例

1）雷达图

雷达图主要用于对比多个单位在不同项目上的表现差异。在 ECharts 中，绘制雷达图时需要先将数据系列中的 type 参数值设置为"radar"。

2）热力图

热力图是一种密度图，通过不同颜色的深浅程度来表示各数据量的区别。热力图下方的滑动条能进行拖动，从而筛选出需要的数据。

3）关系图

关系图中包含节点和边，节点表示某类实体，边表示相连节点间的某种关系。关系图可以用来表示比较复杂的关系网络，例如人物关系网。关系图中的节点是可以移动的，当光标放置在节点上时，与该节点无直接连接的节点会自动隐藏。

4）树图

树图是一种运用包含关系来表达层次化数据的可视化图形，空间利用率较好，可以容纳大量的包含关系。此外，树图还具有良好的交互性，如果单击非叶子节点，则该节点之后的子节点会隐藏。

5）旭日图

旭日图是饼图的升级版，既能体现各项所占的比例，还能体现各项的层级关系。旭日图的同一环是一个层级，最内层是顶层，由内向外发散，外层是内层的子层。通过旭日图还能观察每个子层占父层的比例，单击旭日图的某部分，能进行上卷、下钻的操作。

6）桑基图

桑基图属于能量分流图，又称桑基能量平衡图，图中分支的宽度（粗细）表示其能量的大小。桑基图的特征是首端和末端的能量相等，因此始末端在图中的分支宽度总和是相同的。

7）漏斗图

漏斗图是一种转化率分析的可视化图形，适合用于分析规范、周期长且环节多的业务流程。通过漏斗图可以比较各环节的业务数据，能够更加直观地发现问题。

8.2.3 应用与实操：基于 ECharts 的江苏省货运量分析

1. 操作环境

1）操作系统：Windows 10 系统

2）软件平台：WebStorm 2019.1、ECharts 3.0

2. 应用背景

随着计算机技术的快速发展，人们对大数据的处理能力日渐提高，数据可视化技术由此出现。通过计算机绘图直观地展现传统数据，大大加强了人们对数据的理解和记忆。近年来物流业交易频繁，面对频繁交易过程中产生的大量数据，熟练利用数据可视化技术对其进行处理将事半功倍。

本节以江苏省 2019 年部分货运数据为样本，利用 WebStorm 2019.1 和 ECharts 3.0 软件对其进行可视化处理，通过不同类型的图形来直观展示货运量的变化趋势，从不同维度刻画江苏省货物调度的时空特征。

3. 数据来源

以江苏省 2019 年部分货运数据为样本，货运数据类型包括货物出发省份、货物出发城市、货物到达省份、货物到达城市、货运量等，如表 8-1 所示。

表 8-1　货运数据类型

数据名称	类型	含义
start 省份	文本型	货物出发省份
start 城市	文本型	货物出发城市
end 省份	文本型	货物到达省份
end 城市	文本型	货物到达城市
freight	数值型	货运量
use	文本型	货物运输方式
species	文本型	运输车辆类型
box	文本型	运输车辆厢型

（续表）

数据名称	类型	含义
月份	数值型	运输月份
time	数值型	具体到达时间

4. 基于 ECharts 的货运数据可视化实操

1）柱状图

选取出发省份为江苏的货运数据为样本绘制柱状图。

（1）环境构建

打开 WebStorm 2019.1 软件，构建 index.html 文件，同时加载 echarts.min.js 文件，如图 8-2 所示。

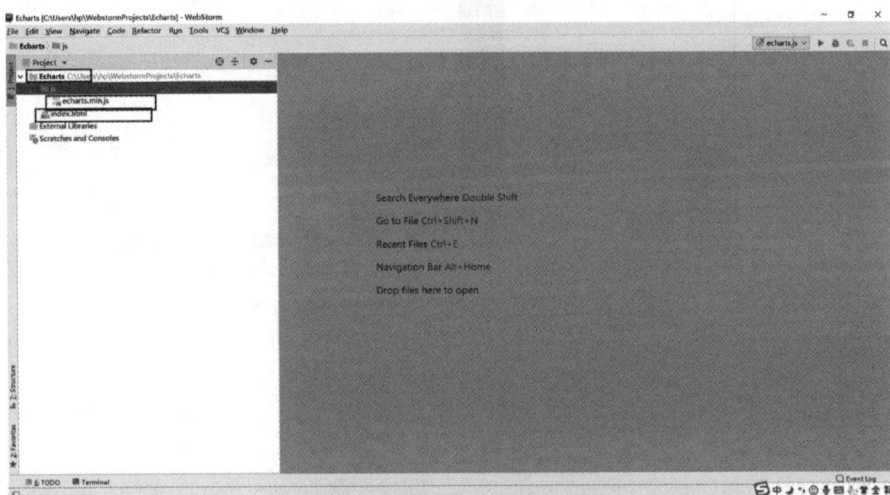

图 8-2 柱状图绘制环境构建

（2）数据处理

初步筛选原始数据，对江苏省发出的货运量按城市进行加总统计，并计算各城市货运量占总货运量的比例。

（3）代码编写

主要代码部分示例如下。

```
    //指定图表的配置和数据
    var option = {
        //设置图表的标题
        title:{
//主标题
            text:"江苏省各地级市的 freight"},
        tooltip:{},
        legend:{ data:["freight"]},
        //x轴数据
        xAxis:{
```

```
data:["南京","无锡","徐州","常州","苏州","南通","连云港","淮安","镇江","宿迁","常熟
"]},
        yAxis:{},
        series:[{name:'freight',
            type:'bar',
            data:[277,100,3.5,20,888,252,128,40,44.98,2,40]}]};
```

（4）图形效果

江苏省各地级市的货运量柱状图如图 8-3 所示。

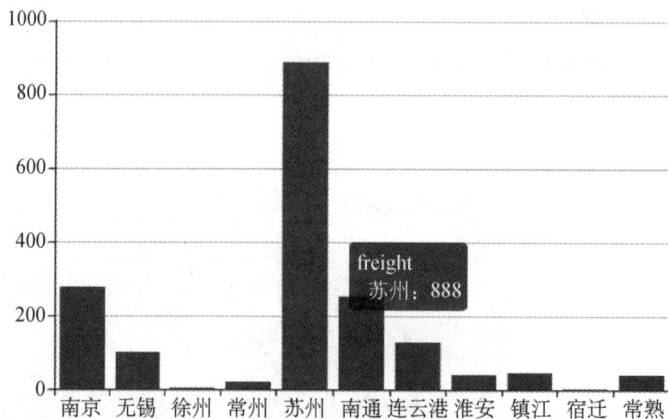

图 8-3　江苏省各地级市的货运量柱状图

2）饼图

选取到达省份为江苏省的货运数据为样本绘制饼图。

（1）环境构建

在柱形图的文件下新建一个 index2.html 文件，同时加载 echarts.min.js 文件，如图 8-4 所示。

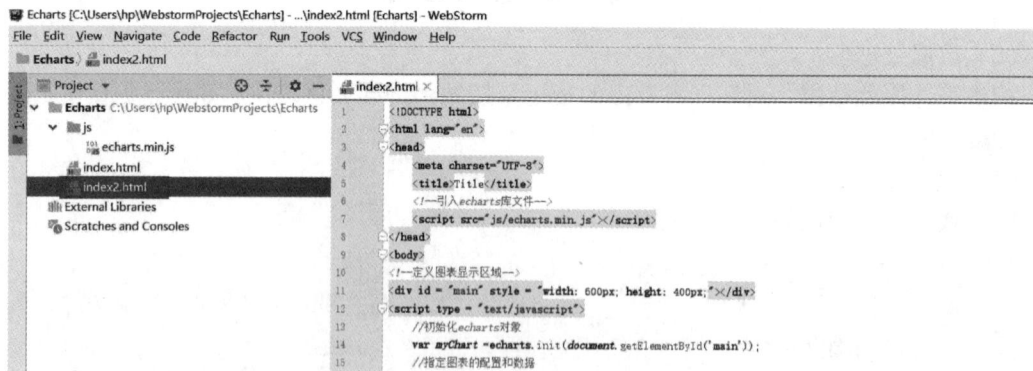

图 8-4　饼图绘制环境构建

（2）数据处理

初步筛选原始数据，对发往江苏省的货运量按省份进行加总统计，并计算各省货运量占总量的比例。

（3）代码编写

主要代码部分示例如下。

```
//指定图表的配置和数据
var option = { //设置图表的标题
    title:{//主标题
        text:"各地区发往江苏的货运量",
        left:'center'},
    tooltip:{trigger:'item',
        formatter:'{a}<br/>{b}:{c}({d}%)'},
    legend:{orient:'vertical',
        left:'left',
        data:["江苏","安徽","河北","湖北","湖南","江西","山东","陕西","上海",
"天津","浙江"]},
        series:[{name:'freight',
            type:'pie',
            data:[{value:1795.48,name:'江苏'},
                {value:30,  name:'安徽'},
                {value:47,  name:'河北'},
                {value:44,  name:'湖北'},
                {value:24,  name:'湖南'},
                {value:40,  name:'江西'},
                {value:36,  name:'山东'},
                {value:96,  name:'陕西'},
                {value:60,  name:'上海'},
                {value:280, name:'天津'},
                {value:64,  name:'浙江'}],}]};
```

（4）图形效果

各地区发往江苏省的货运量饼图如图 8-5 所示。

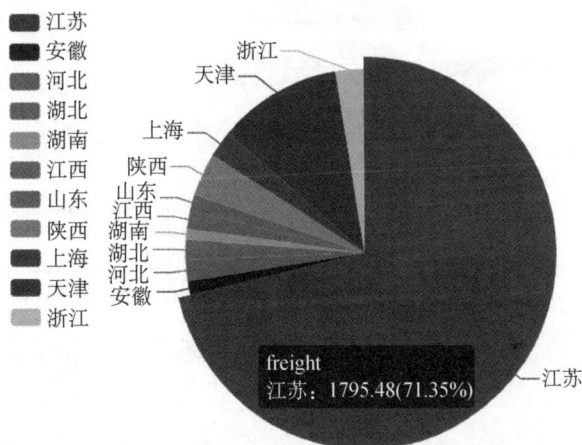

图 8-5 各地区发往江苏省的货运量饼图

从图 8-5 中可以看出，发往江苏省货运量最大的地区是江苏省本省，其次是天津和陕西，其他地区差异不明显。

各地区（除江苏省外）发往江苏省的货运量饼图如图 8-6 所示，可以看出，去除江苏省后，发往江苏省货运量从大到小的省份依次是天津、陕西、浙江、上海、河北、湖北、江西、山东、安徽和湖南，其中天津发往江苏省的货运量明显高于其他地区。

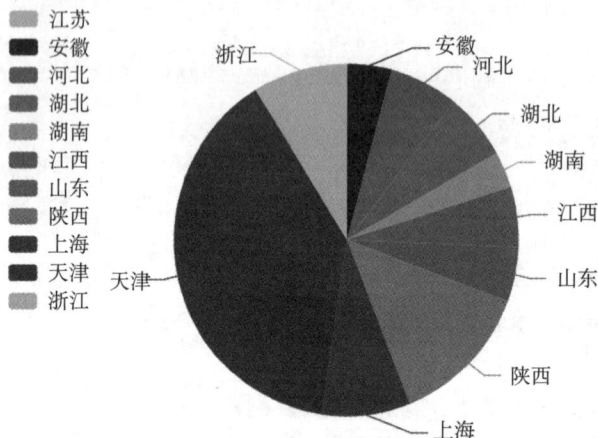

图 8-6　各地区（除江苏省外）发往江苏省的货运量饼图

3）折线图

选取到达省份为江苏省的货运数据为样本绘制折线图。

（1）环境构建

在柱状图和饼图的文件下新建一个 index3.html 文件，用于编写折线图代码，同时加载 echarts.min.js 文件，如图 8-7 所示。

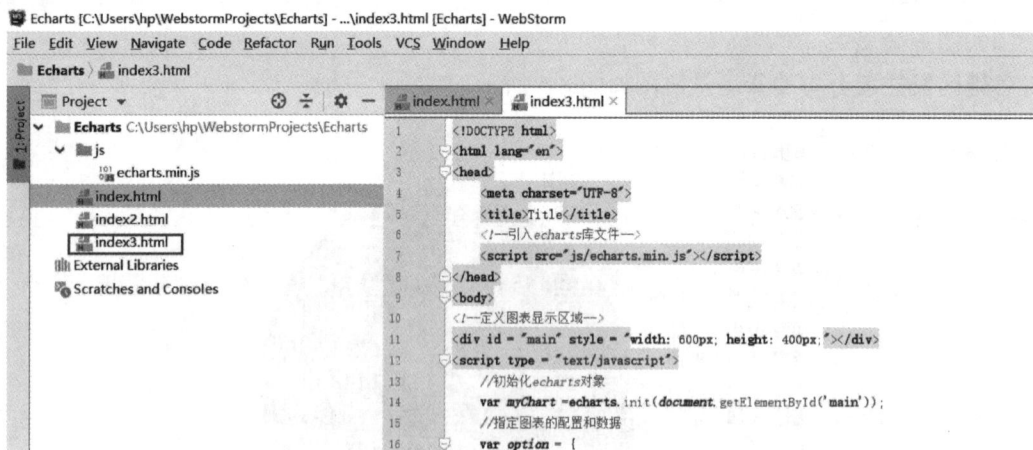

图 8-7　折线图绘制环境构建

（2）数据处理

初步筛选原始数据，将货运量数据按照月份进行加总统计，并计算各月货运量占总量的比例。

（3）代码编写

主要代码部分示例如下。

```
//指定图表的配置和数据
var option = {//设置图表的标题
    title:{//主标题
        text:"2017 年江苏省各月货运量"},
    //x 轴数据
    xAxis:{type:'category',
        data:["2月","3月","5月","6月","7月","8月","9月","10月","11月",
"12月"]},
    yAxis:{type:'value'},
    series:[{type:'line',
        data:[64,120.5,35,262.98,220,124,10,128,1125,327],
        markPoint:{
            data:[{type:'max'},
                {type:'min'}]},
        markLine:{data:[{type:'average'}]},
        markArea:{data:[[{xAxis:'10月'},
            {xAxis:'12月'}]]},
        lineStyle:{color:'green'}}]};
```

（4）图形效果

江苏省 2019 年各月货运量折线图如图 8-8 所示。

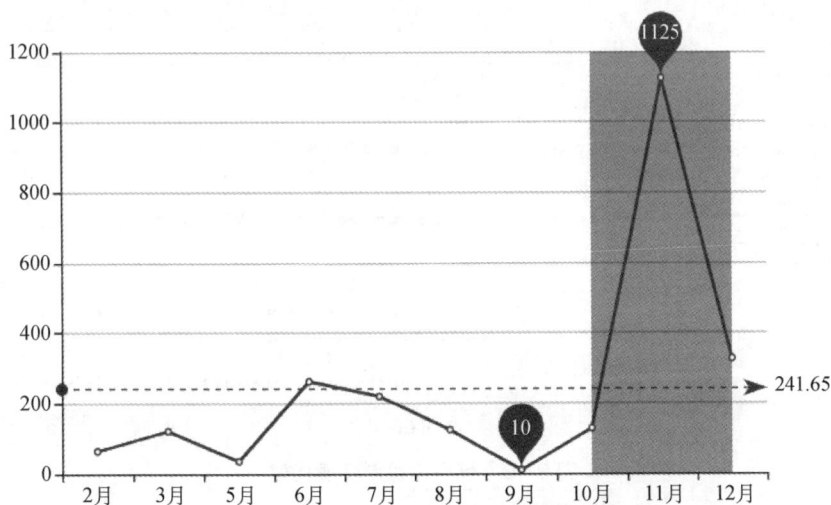

图 8-8　江苏省 2019 年各月货运量折线图

从图 8-8 中可知，江苏省 2019 年货运量最大的月份为 11 月，达到了 1125；货运量最小的是 9 月，仅为 10。另外，2019 年货运量平均值为 241.65，低于平均值的有 2 月、3 月、5

月、7 月、8 月、9 月和 10 月。

图 8-8 所示的折线图是将货运量节点用直线连接得到的，还可通过"smooth:true"命令将其变为光滑曲线，并通过"areaStyle"命令进行填充，得到的图形如图 8-9 所示。

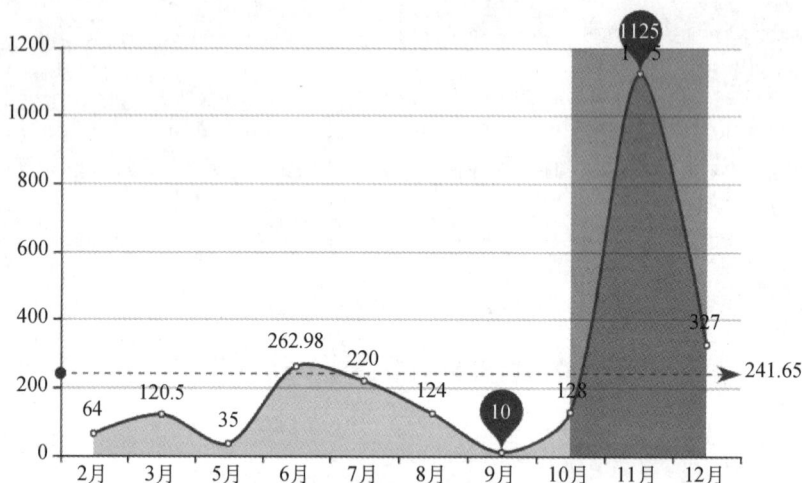

图 8-9　江苏省 2019 年各月货运量示意图（光滑曲线、区域填充）

4）仪表盘

选取不同的运输车辆类型为样本绘制仪表盘。

（1）环境构建

在柱状图、饼图和折线图的文件下新建一个 index4.html 文件，用于编写仪表盘代码，同时加载 echarts.min.js 文件，如图 8-10 所示。

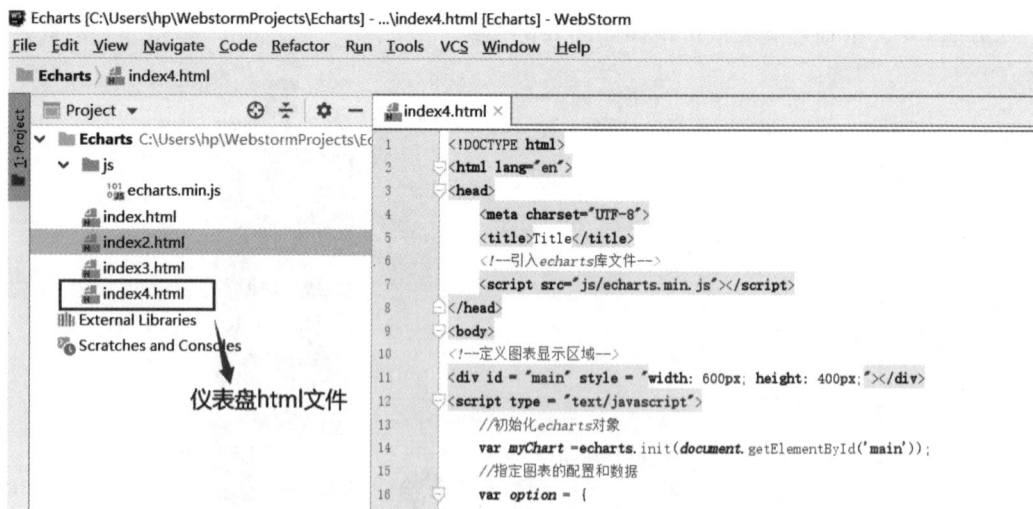

图 8-10　仪表盘绘制环境构建

（2）数据处理

将原始数据进行初步筛选，将货运量数据按照运输车辆类型进行加总统计。

（3）代码编写

主要代码部分示例如下。

```
//指定图表的配置和数据
var option = {
    title:{text:'XX',//运输车辆类型
        left:'center'},
    series:[{type:'gauge',
        data:[{value:504  //运输量}],
        min:0,
        max:1700}]};
```

（4）图形效果

绘制出的各种运输车辆货运量仪表盘如图 8-11 所示。

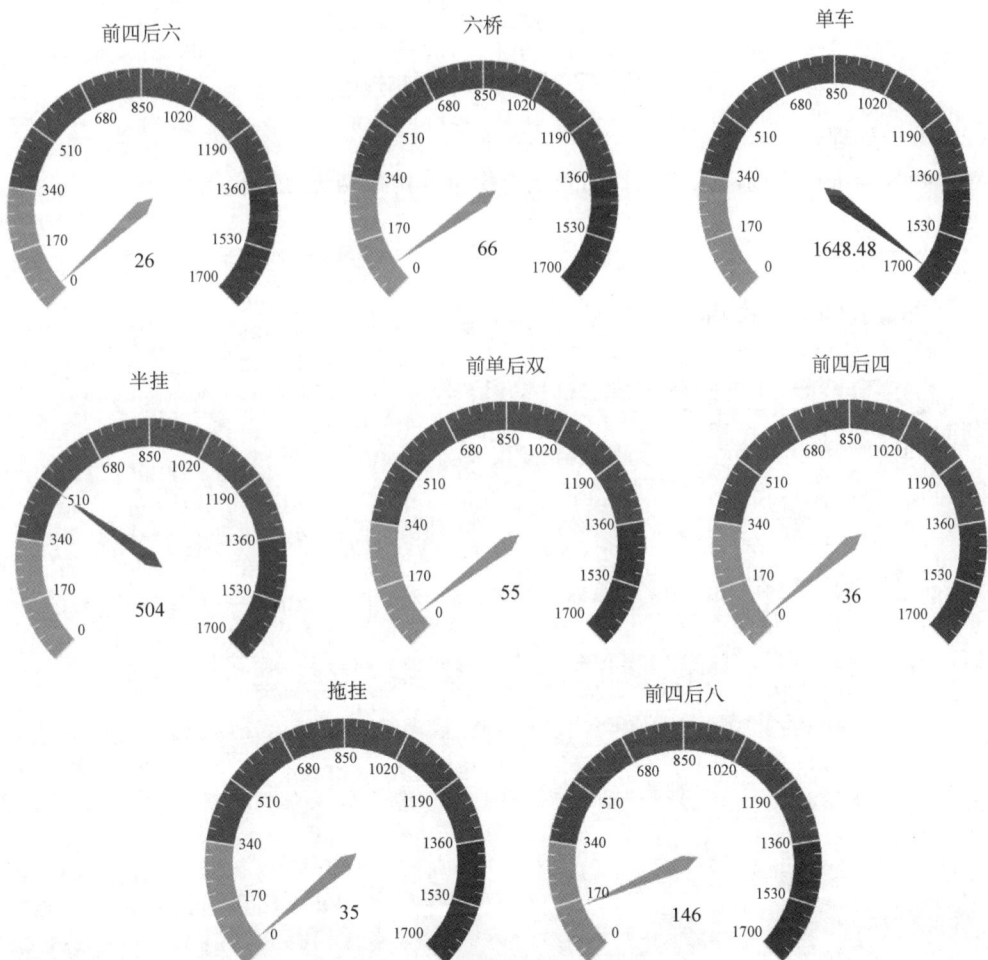

图 8-11 各种运输车辆货运量仪表盘

5）漏斗图

选取江苏省发往不同地区的货运数据为样本绘制漏斗图。

（1）环境构建

在柱状图、饼图、折线图和仪表盘的文件下新建一个 index5.html 文件，用于编写漏斗

图代码，同时加载 echarts.min.js 文件，如图 8-12 所示。

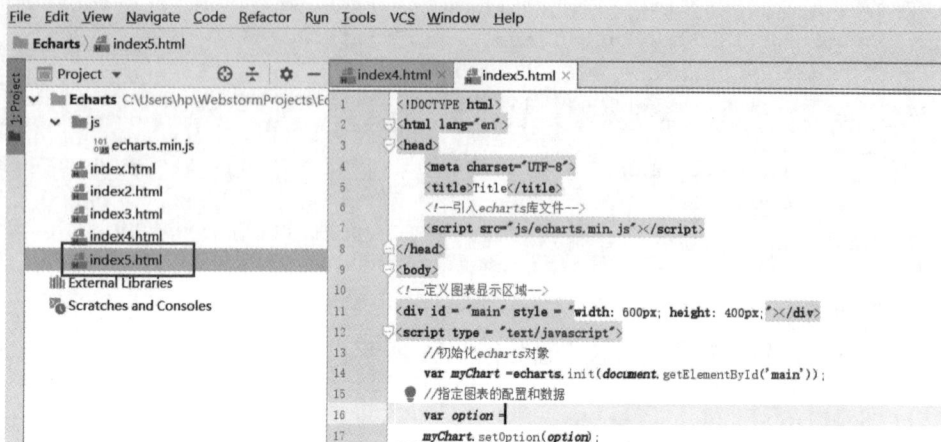

图 8-12　漏斗图绘制环境构建

（2）数据处理

对原始数据进行筛选，按照货物的到达省份将原始数据进行加总统计。

（3）代码编写

主要代码部分示例如下。

```javascript
//指定图表的配置和数据
var option ={title:{
        text:'江苏省发往不同地区的货运量',
        left:'center'},
    tooltip:{trigger:'item',
        formatter:"{a}<br/>{b}:{c}({d}%)"},
    toolbox:{feature:{
        dataView:{readOnly:false},
        restore:{},
        saveAsImage:{}}},
    legend:{orient:'vertical',
        data:["江苏省","安徽省","河北省","湖南省","江西省","上海","浙江"],
        left:'left'},
    calculable:true,
    series:[{
        name:'漏斗图',
        type:'funnel',
        bottom:20,
        width:'80%',
        min:0,
        max:100,
        minSize:'0%',
        maxSize:'100%',
        sort:'descending',
```

```
gap:5,
labelLine:{
    length:100,
    lineStyle:{
        width:1,
        type:'solid'}},
itemStyle:{
  normal:{borderrColor:'#fff',
      borderWidth:0,
      shadowBlue:50,
      shadowOffsetx:0,
      shadowOffsety:50,
      shadowColor:'rgba(0,0,0,0.5)'}},
emphasis:{label:{
      fontSize:20}},
data:[{value:69,name:'江苏省'},
    {value:12.9,name:'安徽省'},
    {value:4.59,name:'河北省'},
    {value:5.02,name:'湖南省'},
    {value:1.53,name:'江西省'},
    {value:1.44,name:'上海'},
    {value:6.12,name:'浙江'}]}]});
```

（4）图形效果

江苏省发往各地区的货运量漏斗图如图 8-13 所示。

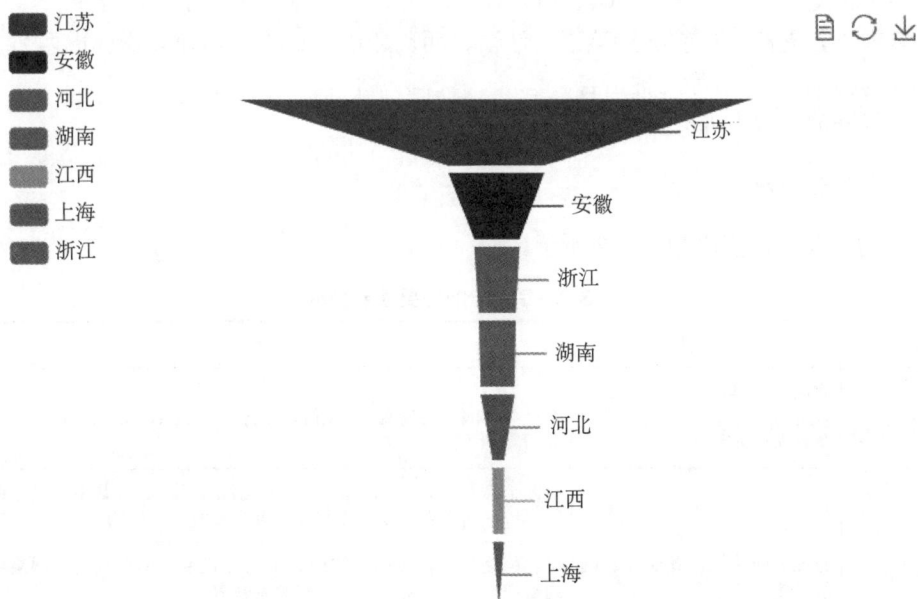

图 8-13 江苏省发往各地区的货运量漏斗图

从图 8-13 中可以看出，2019 年从江苏省发出的货物绝大部分在其省内流通，少部分运往安徽、浙江等地区，其中发往安徽的货物最多，发往上海的货物最少。

8.3 Gephi 软件在数据可视化中的应用

8.3.1 软件介绍

1. Gephi 简介

Gephi 是一款基于 JVM 的复杂网络分析软件，主要用于分析各种网络和复杂系统。已经存在或者能够想象到的任何网络基本都可以用 Gephi 进行处理。Gephi 在处理网络时，需要把网络简化为节点与边的形式，不仅可以建立三维结构的网络，还可以建立节点与边有生命期的四维网络，这种动态网络以及 Gephi 内置的一些模块也为网络科学提供了研究基础。

Gephi 提供的分析可以分为两种，一种是按照一定的方式排列节点在图中的位置，并从节点的位置对网络做出解读，也就是直接把关系转换为图形，并以图形的方式研究网络；另一种是根据节点与边的不同连接关系，用不同方式进行计算，计算的内容包括网络的总体特征、网络的模块化、节点的中心度、节点的路径特征、节点的动态度等，计算得出的值会存储到节点或边的数据中，并在外观中作用于节点与边，最终显示在图形上。

2. 特点

Gephi 具有以下特点。

1）基于 Java 开发。

2）开源、免费。

3）多平台支持，支持 Windows、Mac OS X、Linux 三种不同的操作系统。

4）多国语言支持，目前支持英语、法语、西班牙语、日语、葡萄牙语（巴西）、俄语、简体中文、捷克语、德语等九种语言。

5）采用开放协议发布。

3. 主要功能模块

Gephi 的主要功能模块如表 8-2 所示。

表 8-2　Gephi 的主要功能模块

分类	主要功能	具体内容
网络布局	通过布局算法将网络关系直接转换为图形，以图形方式研究网络	提供多种网络布局算法，如 Force Atlas、ForceAtlas 2 等
网络统计	通过不同的统计算法计算网络属性	研究节点和边，例如节点度（度/出度/入度）、介数中心度、亲密中心度、特征向量中心度、离心度、聚类系数、最短路径等
		研究网络整体，例如平均度、平均加权度、网络直径、网络半径、平均路径长度、图密度、平均聚类系数等
		研究小团体，例如模块化（把度相同的节点归类）、连接组件（基于节点连通关系对节点归类）等

（续表）

分类	主要功能	具体内容
网络滤波	通过用户设定的规则筛选网络中的节点或边，从而精准分析网络	提供的筛选路径包括节点或边的属性、网络拓扑结构等
网络可视化	自定义或根据数据设置节点大小、节点颜色、边的粗细、边的颜色、标签颜色及大小	自定义节点大小、节点颜色等
		原始数据本身携带的可用于设置的数值或 Gephi 统计功能计算出的数值均可设置

8.3.2 主要界面

1. 概览界面

概览界面的功能主要包括计算网络属性、选择网络布局、调整网络中节点和边的大小等，既可统一设置全部节点的颜色、大小、标签等属性，也可单独对某个节点进行编辑。概览界面的主要功能及操作介绍如下。

1）图窗体：图编辑和显示

（1）操作节点和连线的工具

如图 8-14 所示，序号 1~13 的含义分别为全屏、鼠标选取范围尺寸调整、单选、矩形选取、移动、单节点涂色、节点大小调整、关联节点涂色、新建节点、新建边、节点距离、节点范围、节点属性。

（2）编辑标签和控制显示属性的工具

如图 8-15 所示，序号 1~17 的含义分别为图形复位（图中心）、重设颜色、重设标签颜色、复位标签大小、背景颜色、截图、标签显示开关、边显示开关、边使用节点颜色开关、边标签显示开关、标签大小模式、标签涂色模式、字体及字体大小、标签大小调节、标签默认颜色、标签显示选择、全局设置。

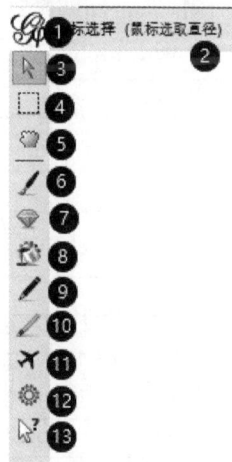

图 8-14 Gephi 操作节点和连线的工具

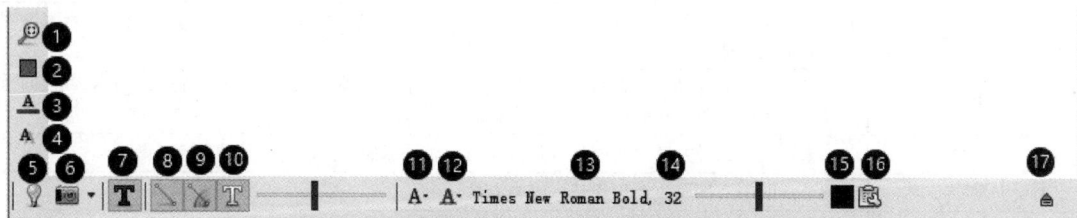

图 8-15 Gephi 编辑标签和控制显示属性的工具

2）布局：节点与边的排布

布局是指根据某种策略对节点和边进行排布，使图形既具有特定需要的合理性，也易于视觉识别。Gephi 的主要布局类型及描述如表 8-3 所示。

表 8-3　Gephi 的主要布局类型及描述

布局类型	描述
Force Atlas	使布局更加紧凑，可读性更强
ForceAtlas 2	改进的 Force Atlas，速度更快
Fruchterman Reingold	改进的弹性模型
Yifan Hu	在多层级力引导算法中引入超节点概念
OpenOrd	适合处理节点较多的图
旋转	顺/逆时针旋转
交叠	可防止节点重叠，但不考虑节点标签重叠
扩展/收缩	对图形做整体放大或缩小处理
标签调整	防止节点标签重叠

3）统计：使用算法测度网络

使用算法测度网络是指根据统计算法为节点或边计算出不同的数值，例如节点的度、边的连接性度、图的整体特性、聚类特性等，计算指标及解释如表 8-4 所示。

表 8-4　Gephi 的计算指标及解释

计算指标	解释
平均度	无向图：所有节点的度数和除以节点数量（一个边能表示两个节点的度，所有节点的度数和等于边的数量乘 2）； 有向图：出度和或入度和除以节点数量
平均加权度	平均度中将所有的权重当作 1 来处理，平均加权度中根据实际的权重计算节点的度，再根据加权的度计算平均度，即所有节点的加权度和除以节点数量
网络直径	在一个网络中，最短路径上最远的两个节点之间的距离
图密度	实际的边数与最大可能的边数之比
最短路径	两个节点之间可能存在多条可连通的路径，其中最短的路径称为最短路径，最短路径的值是最短路径中边的个数
模块化	根据图的连接关系对节点归类，类型相同的节点会增加一个字段，用相同的数字表示
PageRank	基于 PageRank 算法计算节点的重要性
连接部件	如果所有节点都可以连通，称为连通图，否则称为非连通图； 计算连接组件后，Gephi 会给每个节点一个标注，把属于同一个连通分量的节点用一个相同的数字表示
介数中心度	通过该节点的最短路径条数，一个节点的介数中心度越大，流经它的数据分组越多，意味着它更容易拥塞，成为网络的瓶颈
紧密中心度	一个节点所能到达的节点数量除以所能到达节点的最短路径和，紧密中心度最大的节点与网络中其他节点的距离总和最短，在网络中有最佳视野
离心度	节点最短路径的最大值，即该节点到达与它距离最远的节点需要经过的节点个数
特征向量中心度	当前节点的中心性取决于相邻节点的中心性
平均路径长度	平均每个最短路径可以分配到几个节点
度	一个节点的边的数量，在有向图中区分度、出度和入度
聚类系数	表示与某一节点相邻的两个节点彼此之间也相邻的概率，用于描述网络中的节点之间集结成团的程度

4）外观：节点、边、标签设置

在外观界面中可以自定义或根据数据设置节点大小、节点颜色、边的粗细、边的颜色、节点与边标签的颜色及大小等。在以颜色和大小为目标的编辑中，可以设置为统一的颜色和大小。

节点与边的设置界面分别如图 8-16 和图 8-17 所示，图 8-16 界面右上角的四个按钮分别代表节点颜色、节点大小、节点标签颜色、节点标签大小；图 8-17 界面右上角的三个按钮分别代表边颜色、边标签颜色、边标签大小。

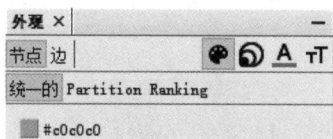

图 8-16 节点设置界面

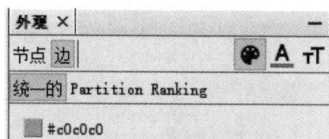

图 8-17 边设置界面

5）过滤：查询、筛选与分类

过滤器通过用户设定的规则对网络中的节点或边进行筛选，主要包括重置（清除所有过滤规则）、往过滤的节点中写入数据、把过滤出的节点和边移动到一个新的工作空间、隐藏过滤出的节点和边等。过滤器具有动态、属性、拓扑、操作分类、边、保存查询等板块，主要功能如下。

① 通过约束范围和空值观察动态图在不同时间段内结构的变化。
② 根据节点或边的属性进行过滤。
③ 根据拓扑结构进行过滤。
④ 将多个过滤器以某种逻辑关系结合在一起进行过滤。
⑤ 根据边的特性进行过滤。

2. 数据资料界面

数据资料界面中最主要的是数据表格面板。数据表格面板提供了丰富的功能，包括节点和边数据展示、配置、增加节点和边、搜索/替换、输入/输出电子表格、删除图、删除边、重复数据监测、添加列、删除列、合并列等，每行数据的右键菜单也提供了非常丰富的功能，如编辑节点、移动节点、复制节点、设置节点大小等。

3. 预览界面

在预览界面可以看到图的所有配置项，并且可以修改图上的元素样式。在预览界面还可以微调输出图片的比例大小，支持输出 SVG、PDF 和 PNG 格式。

8.3.3 应用与实操：货运需求网络大数据分析

1. 操作环境

1）操作系统：Windows 10 系统
2）软件平台：Gephi 0.9.2

2. 数据导入

通常导入的文件为边表格（必要）和节点表格（可选）。边表格代表网络联系，对于无向网络而言，包含同一条边的两个节点；对于有向网络而言，包含起点和终点两个要素，边的权重也可以添加进表格中。节点表格用于表示节点名称，包括 ID 和 Label 两列变量，ID 对应节点在边表格中的名称，而 Label 则为节点的实际名称，成图时图中显示的节点名称即为 Label 这一列对应的名称。

以货运数据为例，选择出发地、到达地和频次构建城市货运信息边表格和节点表格。边表格代表城市间的货运需求联系，包括出发地（Source）、到达地（Target）和边的权重（Value），如图 8-18 所示。节点表格代表产生货运需求的各个城市，包括节点在边表格中对应的名称（ID）和实际名称（Label），如图 8-19 所示。

	A	B	C
1	Source	Target	Value
85	深圳市	福建省	36
86	深圳市	安徽省	23
87	深圳市	广东省	169
88	深圳市	重庆	33
89	深圳市	天津	20
90	深圳市	上海	41
91	深圳市	北京	35
92	深圳市	新疆	3
93	深圳市	西藏	2
94	佛山市	浙江省	33
95	佛山市	云南省	13
96	佛山市	四川省	21
97	佛山市	陕西省	11
98	佛山市	山西省	10
99	佛山市	山东省	19
100	佛山市	青海省	8
101	佛山市	宁夏回族	4
102	佛山市	内蒙古自	3
103	佛山市	辽宁省	14
104	佛山市	吉林省	8
105	佛山市	江西省	11
106	佛山市	江苏省	35
107	佛山市	黑龙江省	13
108	佛山市	海南省	36
109	佛山市	湖南省	32
110	佛山市	湖北省	30
111	佛山市	河南省	20
112	佛山市	河北省	20
113	佛山市	贵州省	23
114	佛山市	广西壮族	38

图 8-18　货运信息边表格

	A	B	C
1	ID	Label	
2	浙江省	浙江省	
3	云南省	云南省	
4	四川省	四川省	
5	陕西省	陕西省	
6	山西省	山西省	
7	山东省	山东省	
8	青海省	青海省	
9	宁夏回族自治区	宁夏回族自治区	
10	内蒙古自治区	内蒙古自治区	
11	辽宁省	辽宁省	
12	吉林省	吉林省	
13	江西省	江西省	
14	江苏省	江苏省	
15	黑龙江省	黑龙江省	
16	海南省	海南省	
17	湖南省	湖南省	
18	湖北省	湖北省	
19	河南省	河南省	
20	河北省	河北省	
21	贵州省	贵州省	
22	广西壮族自治区	广西壮族自治区	
23	甘肃省	甘肃省	
24	福建省	福建省	
25	安徽省	安徽省	
26	广东省	广东省	
27	重庆	重庆	
28	天津	天津	
29	上海	上海	
30	北京	北京	
31	新疆维吾尔自治	新疆维吾尔自治区	

图 8-19　货运信息节点表格

3. 运用 Gephi 计算网络属性

货运需求网络是一个有向加权网络，边的方向代表出发地和到达地的相互关系，边的权重则代表两地的货运需求频次。

将边表格和节点表格导入 Gephi 中，构建广州市等五个城市的货运需求网络，如图 8-20 所示。

要计算网络的平均度、平均加权度、网络直径、图密度、模块化、平均聚类系数和平均路径长度等网络分析指标，直接单击右侧的"运行"按钮即可，如图 8-21 所示。在输出网络图时，需要在预览部分进行设置，设置的内容主要包括：是否显示标签、节点标签（包括节点的字体、字号、颜色、轮廓等）、边标签（包括边的宽度、颜色、弧度、透明度）等。

由计算结果可知，广州市等五个城市的货运需求网络的图密度较低，仅为 0.015；平均聚类系数为 0.56，表明网络的集聚性尚可；平均路径长度为 2.231，表明网络的传输性良好。

本节以货运数据为例，简要介绍了运用 Gephi 软件对货运数据进行分析的思路及步骤。对于分析结果的进一步解读，还需要读者在实战中积累经验。

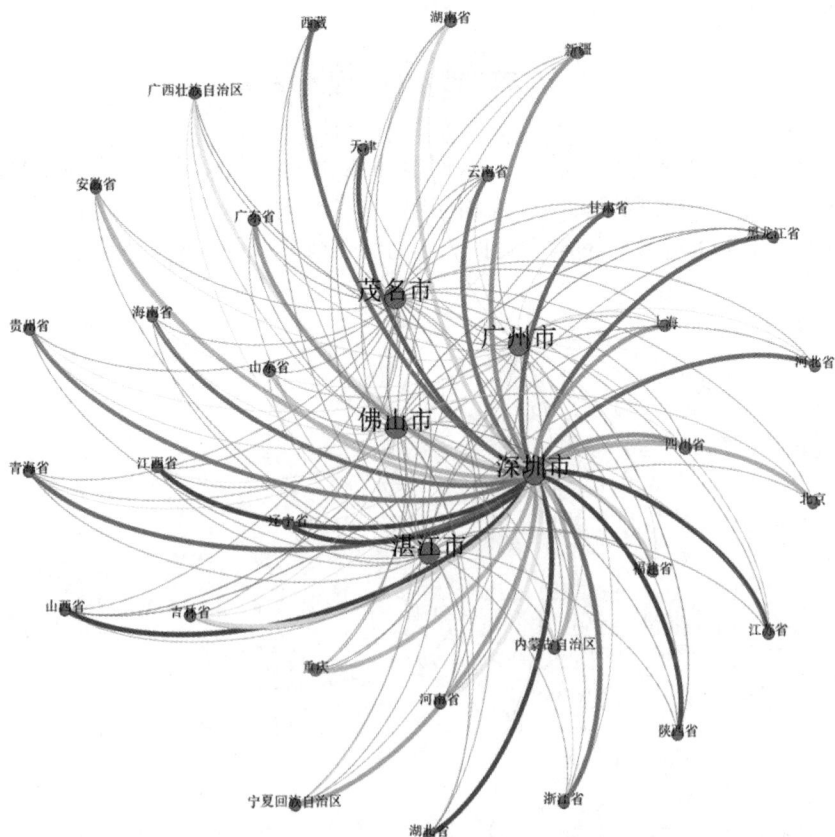

图 8-20　广州市等五个城市的货运需求网络（Gephi 输出结果）

图 8-21　计算网络分析指标

本 章 小 结

本章介绍了数据可视化的定义以及在物流领域的应用；在具体应用与实操方面，本章详细介绍了 ECharts、Gephi 等数据可视化软件的应用，并以江苏省货运量分析为例介绍了 ECharts 的具体应用与实操，以货运需求网络大数据分析为例介绍了 Gephi 的具体应用与实操。

| 第九章 |

物流大数据文本挖掘

学习目的 -

通过本章学习，了解大数据文本挖掘的定义、步骤及方法；熟练掌握大数据文本挖掘在物流与供应链管理中的应用；掌握大数据文本挖掘相关软件的使用，并能够熟练运用 CiteSpace、NVivo 等文本挖掘软件进行物流大数据文本挖掘的相关操作。

9.1 大数据文本挖掘

9.1.1 大数据文本挖掘概述

1. 背景

现实中大部分数据存储在文本数据库中，如新闻文章、研究论文、书籍和 Web 页面等，这些存放在文本数据库中的数据是半结构化数据。文本数据库中的数据可能包含结构化字段如标题、作者、出版社、出版日期等，也可能包含大量非结构化数据如摘要和内容等。

2. 定义

大数据文本挖掘是一门交叉性学科，涉及数据挖掘、机器学习、模式识别、人工智能、统计学、计算机语言学、计算机网络技术、信息学等多个领域。大数据文本挖掘是从大量文档中发现隐含知识和模式的一种方法和工具，由数据挖掘发展而来，但与传统的数据挖掘又有许多不同，在物流领域的应用较为广泛。

9.1.2 大数据文本挖掘步骤

大数据文本挖掘又被称为数据库中的知识发现（Knowledge Discovery in Database，KDD），是指从大量文本数据中提取隐含的、先前未知的、有价值的知识和规则。大数据文本挖掘由以下六个步骤组成，如图 9-1 所示。

1. 数据清洗（Data Cleaning）

数据清洗是指对采集到的数据做预处理，清除无效数据及与目标无关的数据。

2. 数据集成（Data Integration）

数据集成是指将来自多个数据源的数据集中在一起。

3. 数据转换（Data Transformation）

数据转换是指将数据转换为易于挖掘和分析的格式并存储。

4. 数据挖掘（Data Mining）

数据挖掘是指利用有效的算法和工具挖掘出潜在的知识和模式。

5. 模式评估（Pattern Evaluation）

模式评估是指根据一定的评估标准从挖掘出的结果中筛选出满足条件的知识。

6. 知识表示（Knowledge Presentation）

知识表示是指利用可视化的方式展示所挖掘出的知识。

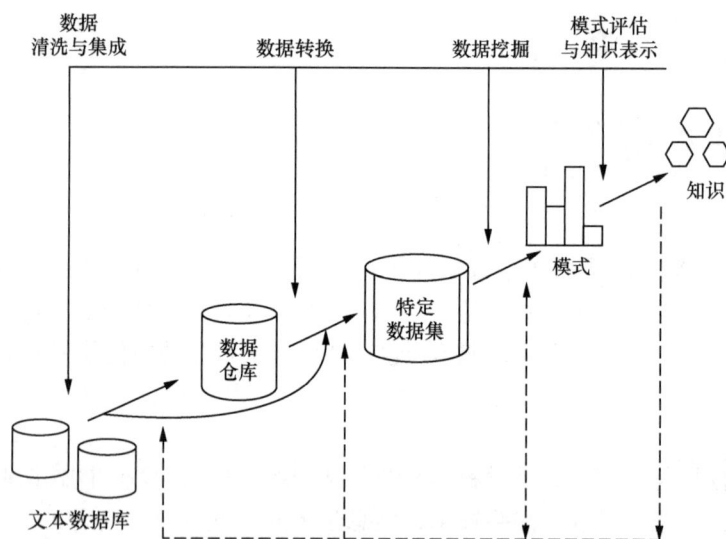

图 9-1 大数据文本挖掘的步骤

9.1.3 大数据文本挖掘方法

作为一个应用驱动的领域，大数据文本挖掘有机地结合了多学科领域的实用技术，其中包括高性能计算、机器学习、数据库、统计学、可视化等许多应用技术。大数据文本挖掘常用的方法主要有分类、回归分析、聚类分析、关联规则、特征分析、变化和偏差分析、Web页面挖掘等，它们分别从不同的角度对数据进行挖掘。

1. 分类

分类方法是指找出数据库中一组数据对象的共同特点并将其划分为不同的类，其目的是通过分类模型将数据库中的数据项映射到某个给定的类别。

分类方法可以应用于客户分类、客户属性和特征分析、客户满意度分析、客户购买趋势预测等方面。例如，一个汽车零售商将客户按照对汽车的喜好划分成不同的类，这样营销人员就可以将新型汽车的广告手册直接发送给对应喜好的客户，从而大大增加商业机会。

2. 回归分析

回归分析方法反映的是事务数据库中属性值在时间上的特征，可产生一个将数据项映射到实值预测变量的函数，从而发现变量或属性间的依赖关系，主要研究数据序列的预测方法以及数据间的相关关系等。

回归分析方法可以应用到市场营销的各个方面，如客户寻求、客户保持、预防客户流失、产品生命周期分析、销售趋势预测及有针对性的促销活动等。

3. 聚类分析

聚类分析方法是指，把一组数据按照相似性和差异性分为几个类别，属于同一类别的数据相似性尽可能大，不同类别的数据相似性尽可能小。

聚类分析方法可以应用于客户群体分类、客户背景分析、客户购买趋势预测、市场细分等方面。

4. 关联规则

关联规则方法是描述数据库中数据项之间关系的规则，即描述隐藏在数据间的关联或相互关系。

在客户关系管理中，通过对企业客户数据库里的大量数据进行挖掘，可以从大量的记录中发现有趣的关联关系，找出影响市场营销效果的关键因素，为产品定位、客户寻求、市场营销、营销风险评估、诈骗预测等提供参考依据。

5. 特征分析

特征分析方法是指从数据集中提取特征式，这些特征式表达了该数据集的总体特征。例如，营销人员通过对客户流失因素的特征提取，可以得到导致客户流失的一系列原因和主要特征，从而设法防止客户流失。

6. 变化和偏差分析

变化和偏差分析方法是指，寻找观察结果与参照量之间有意义的差别。在企业危机管理及预警中，管理者更感兴趣的是发生意外事件的规律，其规律的挖掘可以应用到各种异常信息的发现、分析、识别、评价和预警等方面。

7. Web 页面挖掘

随着互联网的迅速发展及 Web 的全球普及，Web 上的信息量无比丰富。通过对 Web 页面的挖掘，可以利用海量数据进行分析，收集政治、经济、政策、科技、金融、竞争对手、供求信息、客户等有关的信息，集中分析和处理那些对企业有重大或潜在重大影响的外部环境信息和内部经营信息，并根据分析结果找出企业管理过程中出现的各种问题和可能引起危机的先兆，以便识别、分析、评价和管理危机。

9.2 大数据文本挖掘在物流与供应链管理中的应用

9.2.1 客户偏好分析

基于大数据文本挖掘可以更深入地了解客户的需求偏好，为客户推荐相应的服务。客户的偏好虽然难以简单、直接地获取，但总会在网站浏览和咨询过程中留下"蛛丝马迹"。通过分析客户的在线行为数据，可得到丰富的关于客户需求偏好的信息。

客户的在线行为数据包括结构化数据和非结构化数据。结构化数据对客户需求偏好的关联非常明显，这些数据往往与用户的显性需求相关性较强，例如客户是否浏览过某个物流仓储点或配送中心、客户对某类商品的仓储环境及方式的浏览频率等。非结构化数据中的文本信息也蕴含着大量与用户需求相关的内容，这些内容与客户的需求关联比较隐晦，通常与用户的隐性需求相关性更强。

很多情况下，客户还没有对某种商品或服务产生具体的购买需求，但已经形成比较鲜明的消费偏好信息。通过大数据文本挖掘可以根据客户的消费偏好信息对客户进行个性化推荐，激发用户对商品或服务的购买欲望。

9.2.2 定价与研发改良

除了客户的偏好信息，基于大数据文本挖掘还可以知道客户的具体需求意愿强度，从而更有效地判断物流与供应链市场的总体需求状态。物流与供应链管理者基于大数据文本挖掘可以更好地确定每种商品对客户的保留价格，更加精准地制定商品的销售价格；也可以通过对客户的偏好内容进行分析，确定某种物流与供应链服务的市场潜力，进行科学合理的定价。

客户经常会在社交媒体平台上对商品或服务进行评价，这些评价内容也称为在线口碑。通过对在线口碑的文本进行数据挖掘，可获得客户对物流与供应链服务的主观情感态度，这些信息对了解客户的偏好极为重要。基于对在线口碑的分析，物流与供应链管理者可以更好地对当前服务进行综合评估。

9.2.3 需求预测

分析客户的偏好信息不仅有助于对商品进行定价，也有助于对某种价格水平下商品及服务的市场需求进行预测。基于该项工作，还可以更好地管理并控制供应链及库存水平。

根据在线平台上产生的文本数据，可以挖掘出不同地域空间的商品及服务需求，从而更好地制定各个地域的库存水平，甚至可以提前规划某个区域的物流任务，缩短物流配送时间。尽管个体层面上的需求预测较为困难，但从客户整体角度上看，个体之间的不确定性会在一定程度上相互抵消。

9.2.4 客户关系管理

通过对客户的评价与反馈进行分析，物流与供应链管理者可以了解客户当前的总体情感态度。客户的情感信息可以帮助企业管理者以及电子商务平台管理者及时发现客户对当前服务的负面情感，更好地对在线销售的各个环节中出现的问题进行危机管理，尽可能地消除客户在体验商品和服务时产生的不满情绪，优化客户的综合体验。

在具体的技术应用中，物流与供应链管理者应当关注主要问题及其严重程度，同时研究其与客户流失率以及客户购买转化率等在线平台关键运营指标的相关性，更有针对性地进行客户关系管理。

9.3 CiteSpace 软件在大数据文本挖掘中的应用

9.3.1 软件介绍

在对某一方面进行研究时，常常需要面对海量文献，开展研究之前，首先需要解决的问题是如何在这些文献中找出值得精读、细读的关键文献并找到研究热点。进入 21 世纪以来，一些信息可视化技术应运而生，其中，美国德雷塞尔大学的陈超美教授用 Java 语言开发的信息可视化软件 CiteSpace 就是可以解决上述一系列难题的一种工具。

CiteSpace 是一款着眼于分析科学研究中蕴含的潜在知识，并在科学计量学、数据和信息可视化背景下逐渐发展起来的一款引文可视化分析软件。CiteSpace 的突出特征是，以多元、分时、动态的引文分析可视化语言和巧妙的空间布局将该领域的演进历程集中展现在一幅引文网络的知识图谱上，并把作为知识基础的引文节点文献和共引聚类所表征的研究前沿自动标识出来，显示出图谱本身的可解读性。CiteSpace 的知识图谱形态可以概括为"一图展春秋，一览无余；一图胜万言，一目了然"。

自 2003 年问世以来，CiteSpace 深受广大用户欢迎，该软件最初专门针对文献的共引进行分析，并挖掘引文空间的知识聚类和分布。随着 CiteSpace 不断更新，它不仅提供引文空间的挖掘功能，还提供其他知识单元之间的共现分析功能，如作者、机构等。

9.3.2 相关概念解析

1. CiteSpace 分析的网络类型

在 CiteSpace 可分析的网络类型中，Author、Institution、Country 用来进行作者合作分析，它们之间的差异仅仅是在分析合作上的主体粒度不同（可以分别理解为微观的合作、中观的合作和宏观的合作），在分析时也可以进行多项选择。

Term 分析是指提取文献中的名词性术语，主要从文献的标题、摘要、关键词和索引词位置提取。

Keyword 分析是指提取作者的原始关键词，常用来对文本主题进行共词分析。

Category 分析是指对文献中标引的科学领域进行共现分析，有助于了解对象文本在科学领域中的分布情况。

此外，Cited Reference 是指文献的共被引分析；Cited Author 是指作者的共被引分析；Cited Journal 是指期刊的共被引分析；Article 是指对文献的耦合分析；Grant 是指对研究基金的分析。

2. 文献共被引与耦合分析

1）共被引与耦合

引文分析是文献共被引与耦合分析的基础。目前，从几个主要的引文数据库中能够获取引用和被引信息。例如，在 Web of Science 索引数据库中收录了大量高水平文献，该数据库中的新研究论文往往会引用该数据库之前收录的研究论文，随着时间的不断推移，就形成了文献引用关系网络。

2）共被引分析

共被引分析是指如果两篇文献共同出现在第三篇文献的参考文献目录中，则这两篇文献形成共被引关系。在实际操作过程中，通常是将原始的引证网络转化为矩阵，再通过矩阵运算得到文献的共被引矩阵。

一个最基本的文献单元还包含了作者和期刊信息，因此除了对整体文献进行论文共被引分析，还可以仅提取文献中的作者信息或期刊信息，来进行作者或期刊的共被引分析。

3）耦合分析

耦合分析是指，如果两篇文章引用了同一篇文献，则这两篇文献之间就存在耦合关系，此时的耦合强度为 1；如果这两篇文献引用了三篇相同的文献，那么这两篇文献之间的耦合强度就为 3。以此类推，两篇文献的相同参考文献数量越多，这两篇文献的耦合强度越大，在研究主题上越相近。作者在发表论文之后，其参考文献不再改动，因此文献耦合形成的网络属于静态结构。从论文的作者、机构、国家/地区以及期刊等角度出发，依据相同的原理，也可以对耦合网络进行分析。

3. 科研合作网络分析

1）科研合作分析

科研合作就是研究者为生产新的科学知识这一共同目的而在一起工作。在实际过程中，科研合作有多种形式及表现，本节所提到的科研合作是指在一篇论文中同时出现的不同作者、机构或者国家/地区。

2）作者—机构—国家/地区合作网络

CiteSpace 提供了三个层次的科研合作网络分析，分别为微观的作者合作网络 Co-Author、中观的机构合作网络 Co-Institution、宏观的国家/地区合作网络 Co-Country/Territory。在 CiteSpace 得到的合作网络中，节点大小代表了作者、机构或者国家/地区发表论文的数量。

3）科研合作网络的地理可视化

运用 CiteSpace 进行科研合作网络的地理可视化操作步骤如下。

（1）进入 CiteSpace 的地理可视化合作网络模块，在功能区的 Geographical 菜单下打开"Generate Google Earth Maps（KML2.0）"组件。

（2）对分析时间、需要分析的数据、地图规模（默认即可）、其他选项等参数进行设置后，单击"Make Map"按钮会得到一个 Google Earth 可以打开的 KMZ 文件。

（3）分析完成后会有对话框提示用户结果保存的位置，用户可以在相应的文件夹下编辑错误地址，编辑完成后即可运行。

（4）在 Google Earth 软件中可以对节点和连线进行修改（颜色、透明度、线宽等）。

4. 共词分析

词频是指词语在所分析的文档中出现的次数。在科学计量研究中，可以按照学科领域建立词频词典，对科学家的创造活动进行定量分析。词频分析方法是指提取能够表达文献核心内容的关键词或主题词的频次高低分布，来研究发展动向和研究热点。

共词分析相比于文献的共被引分析和耦合分析，得到的结果是非常直观的，研究者可以直接通过共词分析的结果对所研究领域的主题进行分析。共词分析的基本原理是，统计一组词在同一组文献中出现的次数，通过这种共现次数来测度它们之间的亲疏关系。共词分析通常提取每一篇论文的关键词列表，把相同的关键词用相同的字母和数字组合表示，这样就可以得到一个关键词矩阵，其含义是某个关键词和某篇论文是否存在隶属关系。共词分析还能得到论文隶属矩阵，用来对论文的相似性进行测度。

目前，常用的共词分析可视化方法有基于关系的网络可视化（如 CiteSpace）和基于距离的二维空间坐标可视化（如 VOSviewer 的 Mapping 方法和早期的 MDS 方法）。

CiteSpace 的共词分析方法有两种，一种是直接分析作者的原始关键词和数据库的补充关键词；另一种是先从数据集标题、作者关键词、系统补充关键词以及摘要中提取名词性术语，然后对名词性术语进行共词分析。这两者的区别在于，前者使用的是数据集中的原始字段，而后者使用的是自然语言处理分析后提取的术语，通常两者的分析结果相差不大。

5. 聚类分析

1）聚类的命名

对共被引网络进行聚类后，文献会被划分到不同的聚类中。如果一个聚类中含有较小数量的文献，可以通过手工翻查和阅读来进行命名，但是通常聚类包含的文献数量比较多，且将所有文献都看一遍是很难实现的。CiteSpace 主要从文献的标题、关键词或摘要中来提取名词性术语对聚类进行命名，采用的方法主要有 TF-IDF 算法、对数似然率算法以及互信息算法等。

2）聚类图谱优化

为了增加结果的可读性，可以进一步使用相关功能对图谱进行优化和调整。对图谱进行优化的策略主要是对图谱的元素进行调整，包括图中的节点类型、节点大小、连线透明度、聚类标签颜色、聚类标签大小、聚类标签字体的外轮廓、聚类边框颜色以及边框填充等。这需要用户在长期使用中不断总结，在不同的图谱样式下选择合理的展示效果。

6. 突现词分析

突现词是指在某一时间段内出现频次陡增的关键词，关键词发生突现的程度与这个领域里该关键词的学术关注度密切相关，通过分析突现词的变化可以把握不同时期某一研究领域热点的变化，进而明确该领域研究的发展阶段。若要得到突发性文献的列表，可以通过依次单击 "View" → "Citation Burst History" 来查看，软件会提示要得到列表的单元名称，默认为 "Reference"。

在突发性文献的列表界面，用户可以单击页面下方的 "Sort by the Beginning Year of

Burst"（按照突发起始时间）按钮和"Sort by the Strengh of Burst"（按照突发强度）按钮在两种排序方式之间切换。

7. 文献共被引网络呈现方式

CiteSpace 还提供了"Timeline"和"Timezone"两种文献共被引网络呈现方式。

在"Timeline"方式中，相同聚类的文献被放置在同一水平线上，文献的时间置于视图最上方，越向右表示时间越近。聚类中的文献数量越多代表所得到的聚类领域越重要，各个聚类中文献的时间跨度能反映聚类所关注的时间特征（确定一个研究领域内文献的时间跨度）。另外，用户还可通过突发性探测和中介中心性指标来检测各个类别中的重要文献。

与"Timeline"方式不同，"Timezone"方式则是将相同时间内的节点集合在相同时区中，这里的相同时间对文献共被引网络而言是文献首次被引用的时间；对于关键词或主题而言是它们首次出现的时间；对作者合作网络而言是作者发表第一篇论文的时间，时间按照从远到近的顺序排列。

9.3.3 应用与实操：基于 CNKI 的知识供应链研究热点分析

1. 操作环境

1）操作系统：Windows 10 系统
2）软件平台：CiteSpace 5.8.R3

2. 数据采集与研究方法

1）数据采集

在 CNKI（中国知网）数据库中检索文献，以"知识供应链"为检索词，发表时间设置为 2000 年～2021 年，共有 1352 条记录。按照主题相关度排序，逐条阅读检索记录，删除会议论文、卷首语、报纸等不相关条目，共筛选出 1300 篇中文文献，以期刊论文为主，每篇文献包含作者、机构、关键词、摘要、发表时间等信息，之后通过文献管理中心将文献导出到文件并命名为"download_XX.txt"（UTF-8 格式），如图 9-2 所示。

图 9-2 文献检索和导出示意图

CNKI 数据库一次最多只能导出 500 条记录，故将筛选出来的 1300 条记录分三次导出，最后再汇总为一个文件并导入 CiteSpace 软件进行格式转换，具体步骤如下。

（1）依次单击"Data"→"Import/Export"进行数据导入，如图 9-3 所示。

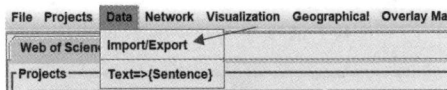

图 9-3　数据导入

（2）单击"CNKI"按钮，在"Input Directory"和"Output Directory"中选择文件路径，之后单击"CNKI Format Conversion(2.0)"按钮进行数据格式转换，如图 9-4 所示。

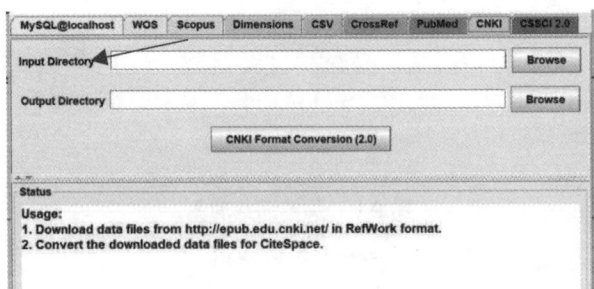

图 9-4　数据格式转换

2）研究方法

以数据库中关于知识供应链的文献为基础数据，以文献分析可视化软件 CiteSpace 5.8.R3 为辅助手段，利用其关键词、作者、研究机构共现功能模块对知识供应链研究的相关文献进行分析。进行数据转换后对关键词、作者、研究机构进行共现分析，生成共现图谱。

3. 基于 CiteSpace 的知识供应链研究文献计量分析

1）关键词共现图

（1）在 CiteSpace 中建立项目并设置基础参数，如图 9-5 所示，节点类型选择"Keyword"，单击"GO!"按钮即可进行分析。

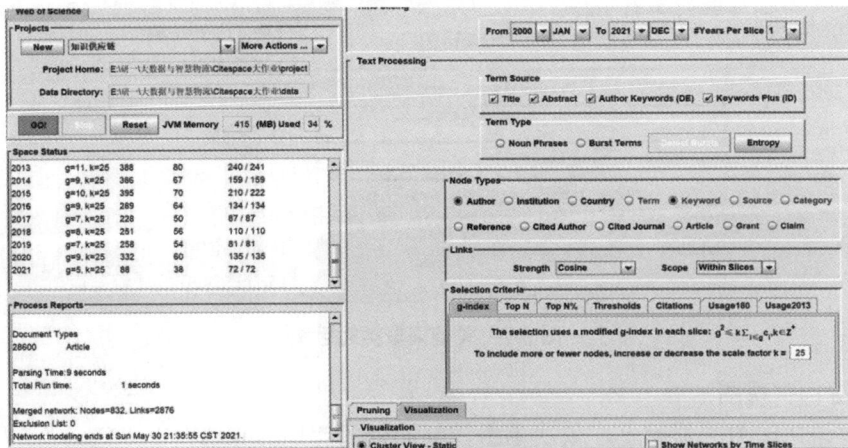

图 9-5　设置基础参数

（2）运行后会跳出一个弹窗，单击"Visualize"按钮即可开始生成图像。

（3）待图像趋于稳定后暂停，得到初步的关键词共现图，并对控制面板中的参数做出适当调整，如图 9-6 所示。

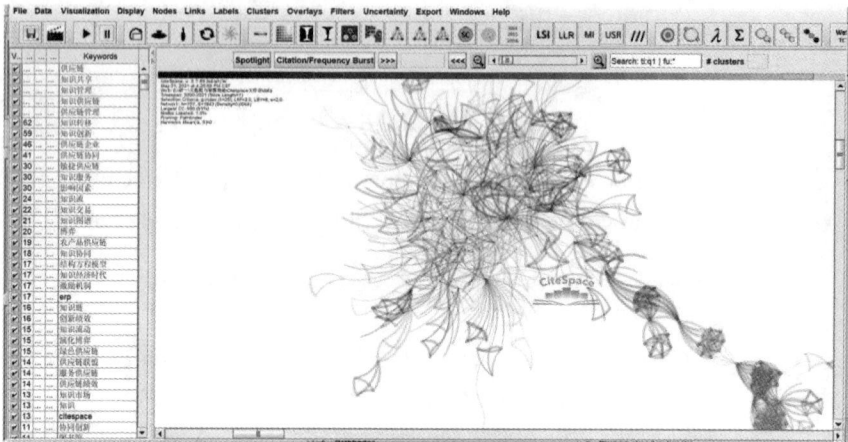

图 9-6 关键词共现图

2）关键词聚类时区图

在关键词共现图的基础上，依次单击控制面板的"Layout"→"Tmeline View"即可得到关键词聚类时区图，如图 9-7 所示。

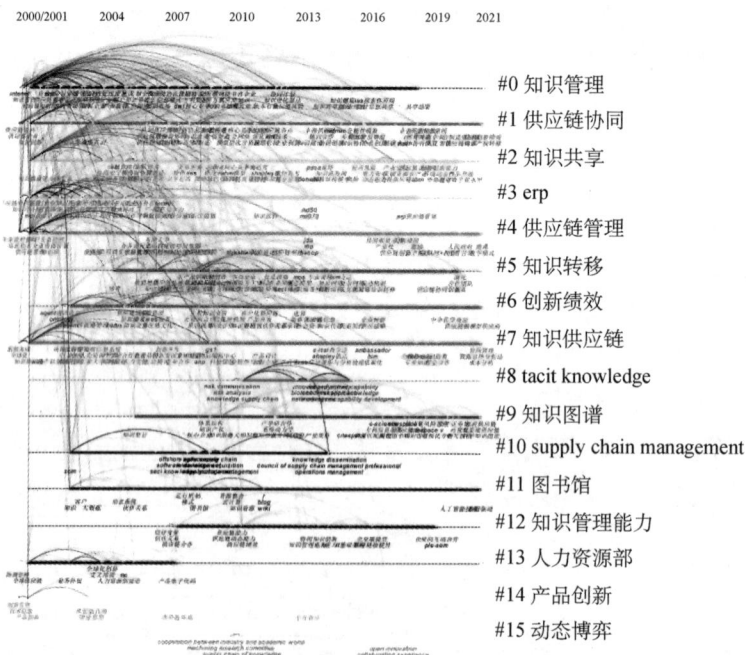

图 9-7 关键词聚类时区图

3）关键词突现图

在关键词共现图的基础上，依次单击控制面板的"Burstness"→"View"，即可生成关键词突现图，如图 9-8 所示。

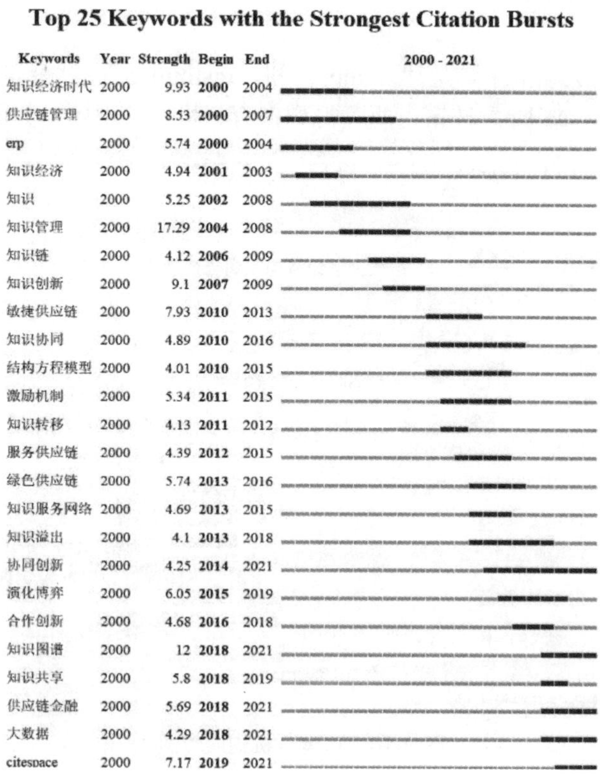

图 9-8　关键词突现图

4）关键词时区图

在关键词共现图的基础上，依次单击控制面板的"Layout"→"Visualization"→"Timezone View"，即可得到关键词时区图，如图 9-9 所示。

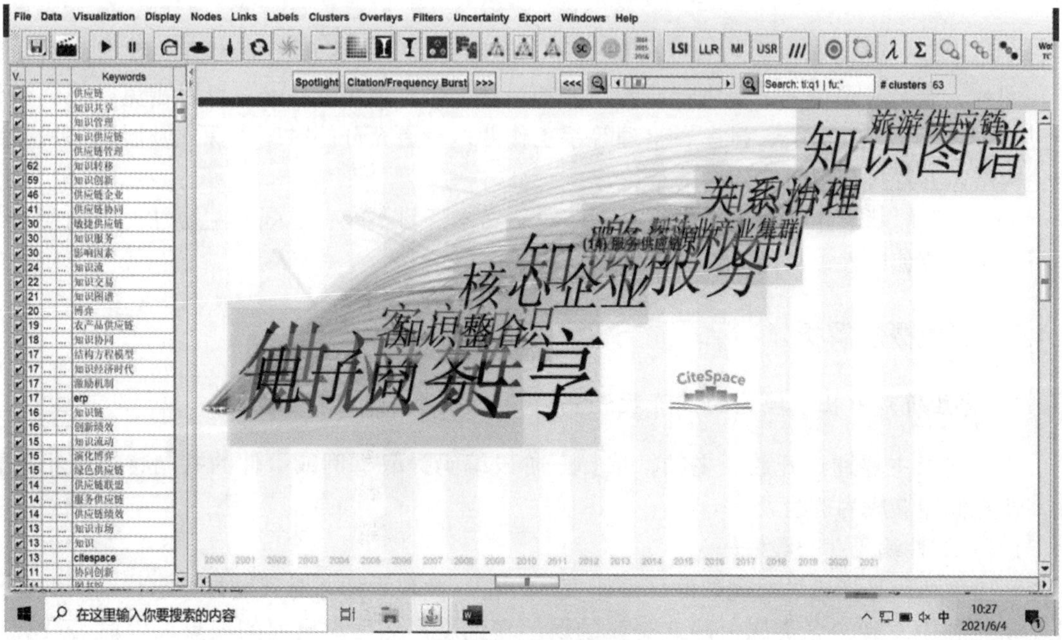

图 9-9　关键词时区图

5）作者、机构共现图

在"Node Type"选项卡中勾选"Author"和"Institution"，其余参数设置不变，在程序运行稳定之后单击"Visualize"按钮，即可得到作者、机构共现图，如图9-10所示。

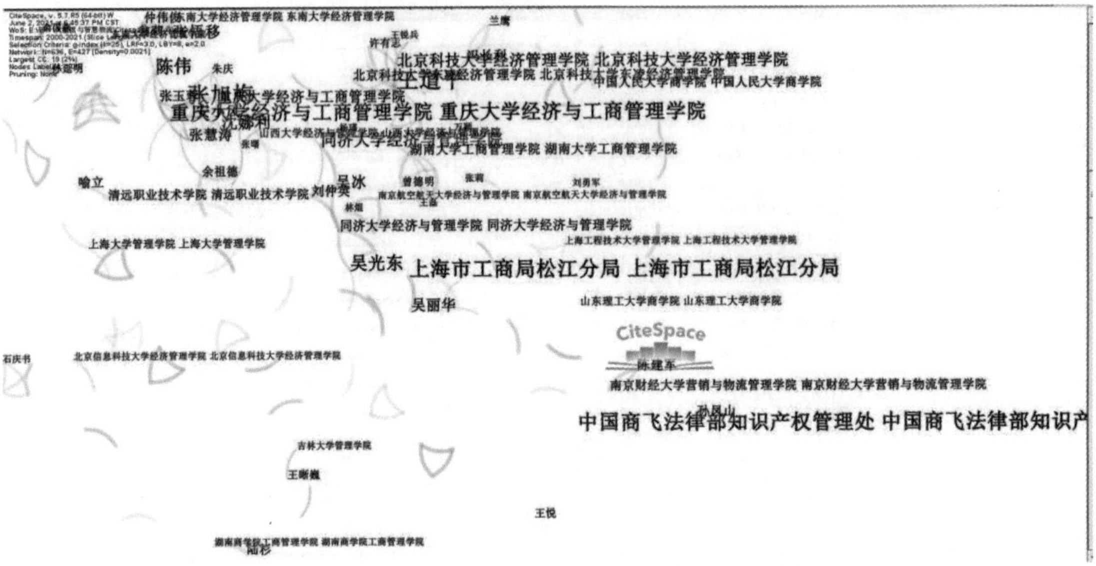

图 9-10　作者、机构共现图

9.4　NVivo 软件在大数据文本挖掘中的应用

9.4.1　软件介绍

NVivo 是一款功能强大的质性分析软件，能够有效分析多种不同类型的数据，例如文字、图片、录音、录像等，是进行质性研究的最佳工具。使用 NVivo，可以避免以往资料分析过程中频繁出现的分类、排序、整理等手工作业，有更充分的时间去探究发展趋势，建立理论模型，并最终获得研究问题的结论。

NVivo 一般基于扎根理论来进行分析，对于文本资料不能有过强的主观性，否则会导致分析结果带有偏向性，从而降低分析结果的客观性。

9.4.2　相关概念解析

1. 质性研究中扎根理论的三阶段编码

质性研究主要通过开放、主轴、选择三阶段编码提取事例或事件的共同特征或相关意义，使它们能够成为群组。

1）开放性编码（一级编码）

开放性编码是指通过对现象的仔细研究，分析、检视数据并对其进行概念化的归纳和比较，从资料中发现概念类属，确定类属的属性和维度，然后对研究的现象加以命名及类属化。开放性编码的过程类似一个漏斗，由一个较为宽广的范围逐渐缩小和集中，如果最终要生成理论，那么需要原始资料尽量翔实，直到译码呈现饱和。

在开放性编码的过程中，会产生几十甚至上百个概念，编码者必须将相似的概念进行分类，概念命名一般采用以下三种方式。

（1）编码者不断进行资料对比，借由事物所唤起的意义或意象，自行创建能反映该意义或意象的名字。

（2）权威文献中的概念本身已包含了极为丰富的分析意义，且都已经发展得近乎完整，故而非常严谨，因此编码者可沿用已存在的名字。

（3）编码者从受访者本身所使用的话语中提取字词作为编码。

2）主轴性编码（二级编码）

主轴性编码是指结合演绎与归纳，通过不断比较将近似编码连接在一起的复杂过程，其主要任务是选择和构建类属的内容，将主要概念类属与次要概念类属连接起来，重新组织数据。主轴性编码会使得两级编码之间形成一个关系网，并发现和建立概念类属之间的相互关系，如因果关系、情景关系、功能关系、过程关系、时间先后关系等。

主轴性编码主要通过以下 4 个步骤进行。

（1）检查各次要概念类属与各现象的关系，在这个基础上思考类属与概念之间可能存在的假设性关系。

（2）检验实际资料是否支持上述这种假设性关系。

（3）持续寻找主要概念类属与次要概念类属的性质，并不断确认它们的定位。

（4）检验实际应用数据中的证据、事故、事件，并予以解释和说明，通过反复推导和归纳整理，开发出一些针对研究现象的概念类属。

3）选择性编码（三级编码，也叫核心性编码）

数据分析的最后阶段称为选择性编码，这一阶段的主要工作是，在所有命名的概念类属中提炼一个"核心类属"。核心类属是浓缩所有分析结果后得到的关键词，这几个关键词足以说明整个研究的内涵，即使条件改变导致所呈现出的现象有所不同，它们仍具备解释效力。在选择性编码之后，可以发展出一条"故事线"，用前两级编码发展出的类属、关系等提炼一个可说明全部现象的核心类属。

选择性编码主要通过以下 5 个步骤进行。

（1）创建一条清楚明确的故事线。

（2）通过译码范式模型连接主要概念类属和次要概念类属。

（3）在面向的层级中发展派系类型。

（4）通过数据验证各派系中概念类属间的关系。

（5）填满可能需要补充或发展的类属。

通过以上步骤，编码者得以发展派系类型，并在此基础上构建理论。

2. 编码过程

1）编码内容

编码者可以从粗略编码开始，将研究材料组织到广泛的主题中去，探索每个主题的节点并进行细致编码。

2）编码目的

对文件内容进行编码可以通过以下几种重要方式对分析产生帮助。

（1）编码使研究者更接近数据。

（2）编码可以收集有关某个主题的所有材料，有助于研究者发现编码所体现的模式、矛盾，并发展出各种理论。

（3）编码有助于查询和可视化，从而有利于查找主题之间的联系并检验假设。

3）编码数量

编码数量取决于研究设计、项目时限和需要处理的数据量。从事长期项目的社会科学家可能会对内容进行仔细编码以便寻找细微的主题及其之间的联系；品牌经理可能对宽泛的主题领域感兴趣，以便迅速做出战略决策。

处理大型数据集（如调研结果）的研究人员可以结合使用自动编码和文本搜索查询来加快编码过程。

4）编码类型

（1）主题编码：对当前正在讨论的主题进行编码。

（2）分析编码：按主题组织好材料后，查看节点内容并提问。例如，这段内容的真正含义是什么？与我的研究问题有什么关系？

（3）案例编码：对案例进行编码。例如，谁在发表言论？被观察的主体、组织或其他客体是什么？

5）反思并完善编码

编码者浏览并编码文件后，需要反思发现的内容。完善编码之后，可以使用编码条来查看编码，或者生成报告来查看最常使用的节点，以及制作地图来探索节点之间的关系。

编码不是一次性的过程，当查看节点上的编码数据时，经常会发现一些改进编码的方法。

（1）扩充编码内容以包含更多的上下文。

（2）移除部分编码内容。

（3）将内容编码到其他节点以产生新的想法。

（4）创建或重新组织节点。

6）建立有效的节点层级

好的结构有利于发现不足之处，以下是一些构建有效节点层级的策略。

（1）节点名应简短且相关。

（2）确保同一个节点在整个层级结构中仅出现一次。

（3）尽量不要在节点中合并概念。

（4）如果节点与层级结构中的其他部分不相关，不要强行放入，而是留在顶层。

（5）尽量不要嵌套超过三个层级。

（6）创建一个节点以容纳"名句"。

（7）定期修剪节点，合并、重新组织、重命名。

3. NVivo 支持的编码操作

1）先添加节点再开始编码（自上而下）

如果已经知道在寻找什么主题，可以先创建节点，然后将对应的文本拖拽到节点上进行编码。

2）先选择内容再创建新的节点（自下而上）

可以在浏览内容的过程中选择相应的文本并为它们创建一个对应的节点。

3）将选定的单词直接创建为节点

这个做法与上一个做法的区别在于，直接以选中的文本作为节点的名字，而不用重新创建一个节点名。

4）根据样式或结构快速编码

如果材料的样式或结构相同，可以对其进行快速编码。例如，如果参与者全都被问到同一组问题，可以根据段落样式对材料内容进行快速编码。

5）根据现有编码模式快速编码

当根据现有编码模式快速编码时，NVivo采用机器学习算法对与以前编码内容相似的文字段落进行"粗略"编码。

6）根据文本搜索查询进行快速编码

NVivo的查询功能可以根据材料来源所包含的单词或短语进行自动编码，这可以成为复查数据的有用起点。

4. NVivo 的关键术语

1）材料来源（Source）：可以是自己创建的文档，也可以从外部导入文档（PDF）、数据集、音频、视频、图片等，还可以是后期添加的备忘录。

2）节点（Node）：一段话的关键字。如果有多个材料都表达同一个意思，就可以用同一个节点连接。

3）案例（Case）：用户存放研究对象信息的容器。

4）编码（Code）：质性研究的核心技术。NVivo支持手动编码和快速自动编码。

5. NVivo 绘制可视化图表的步骤

1）探索示意图

探索示意图用于探索节点或案例与素材之间的关系，为接下来的分析做准备。

操作步骤：选中所有节点，单击"可视化"按钮，即可生成探索示意图。

2）聚类示意图

操作步骤：选中所有节点，选择聚类依据为"编码相似性"，选择聚类方法为"Pearson相关系数"，对所有已经建立关系的节点按编码相似性进行聚类。聚类示意图如图9-11所示，从中可以直观地看出节点间的从属关系与层次性。

3）节点层次图表

操作步骤：选中所有节点，单击"可视化"按钮，然后选择"节点层次图表"，用不同颜色或形状来显示层次结构。

节点层次图表如图9-12所示，图中一共包括12个类别，其中主要的类别（面积较大）为"电商扶贫措施"和"电商扶贫成果"。从图9-12中可以看出节点之间的包含关系，进而对所研究的内容有进一步的分析与了解。

4）网络社会关系图

操作步骤：单击"探索"按钮，选择"网络社会关系图"，之后选中所有案例，对网络

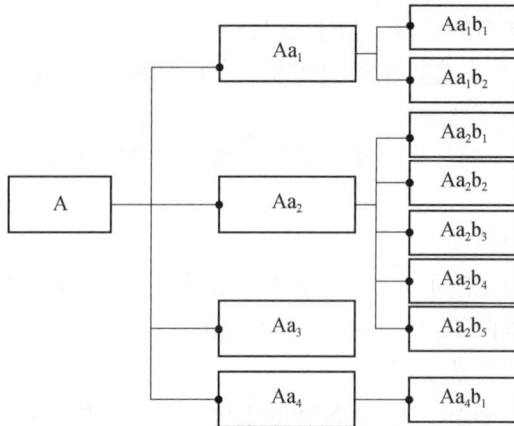

图 9-11 聚类示意图

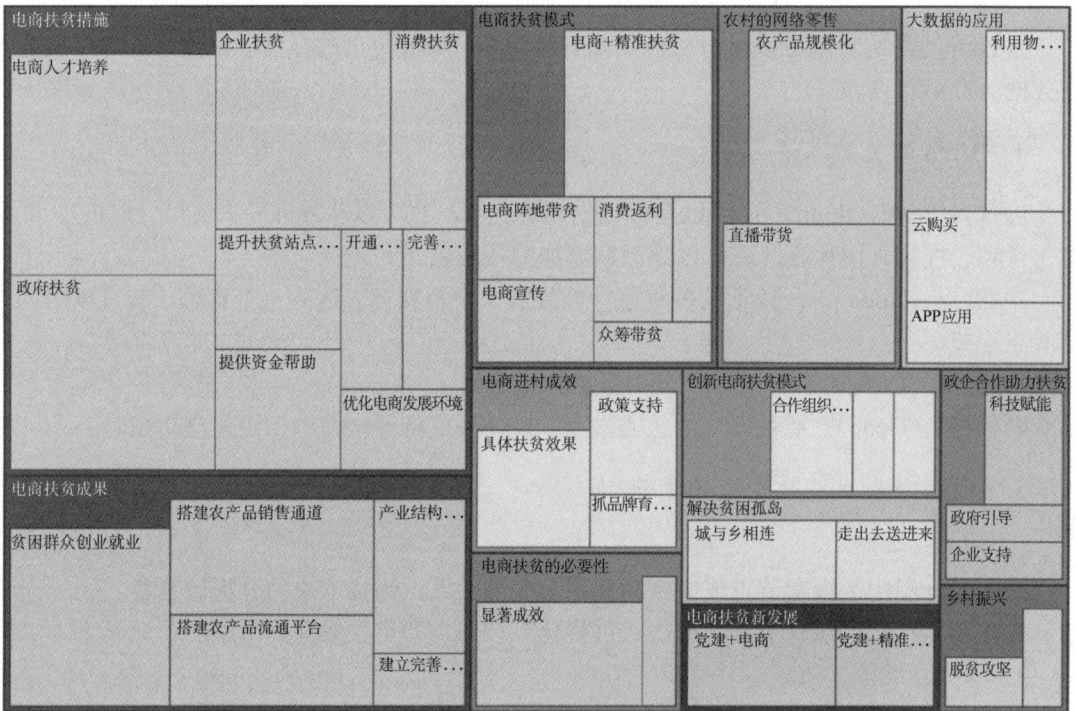

图 9-12 节点层次图表

社会关系图进行调整。

网络社会关系图如图 9-13 所示，可以看出，"电商扶贫为乡村振兴注入新动力"节点与"内蒙古电商扶贫五维模式"等案例相关联；"电商扶贫为乡村振兴注入新动力"节点与"电商+合作社+精准贫困户"节点通过案例"山东滨州电商扶贫"相关联，体现出不同节点间的因果对应关系。

5）词云图

"词云"由美国西北大学新闻学副教授、新媒体专业主任里奇·戈登（Rich Gordon）于 2006 年最先提出。词云图是数据可视化的一种形式，其视觉冲击力较强，对于高频词汇的表现更为突出、直观。

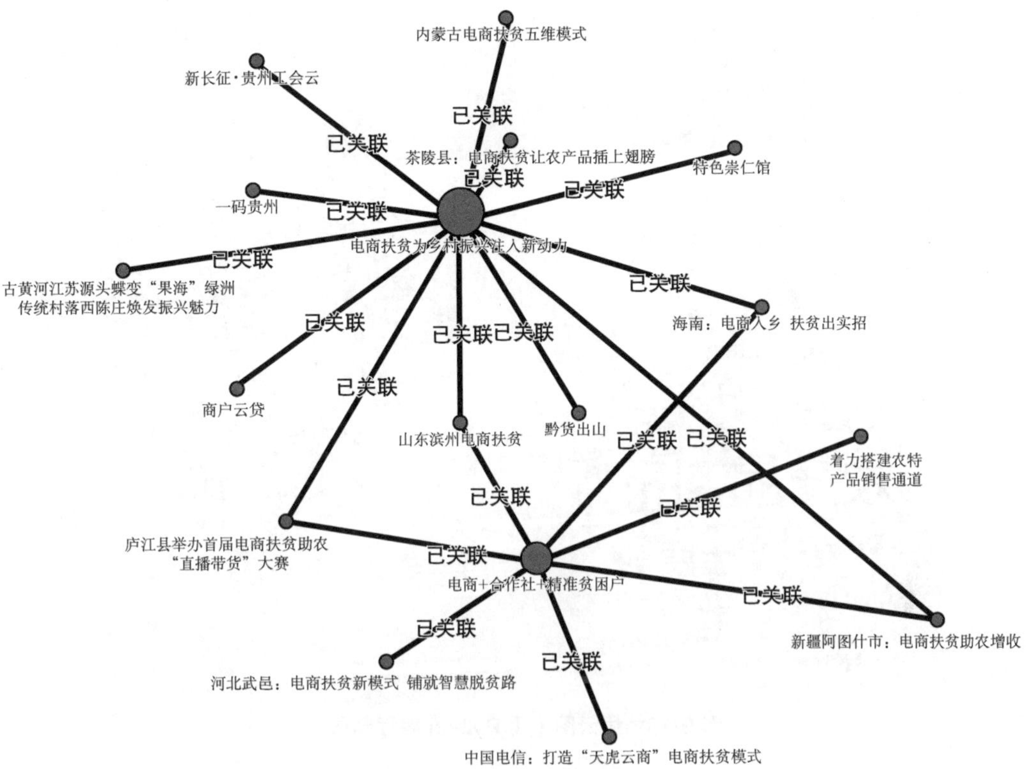

图 9-13 网络社会关系图

直接用 NVivo 制作的词云图如图 9-14 所示，用 Python 编程制作的词云图如图 9-15 所示。

图 9-14 词云图（用 NVivo 制作）

图 9-14 与图 9-15 两种词云图的差异显著，用 NVivo 制作的词云图形式比较单一，并且绘制完成后不能随意更改词云的内容；用 Python 编程制作的词云图可以随时更改文字内容，且内容更加直观，图形样式也更加多样。

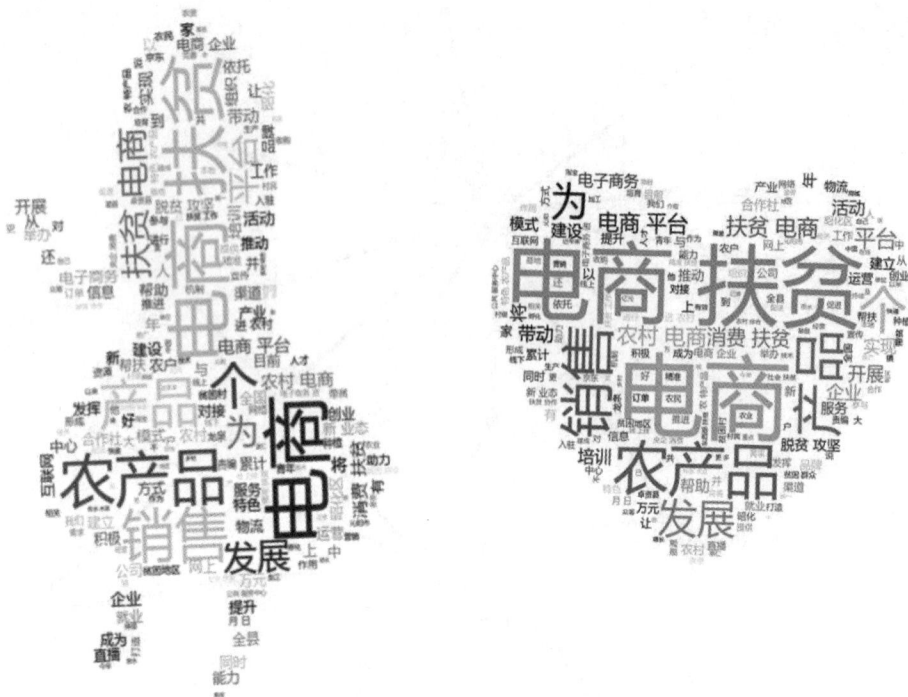

图 9-15　词云图（用 Python 编程制作）

9.4.3　应用与实操：基于文本挖掘的电商扶贫路径

1. 操作环境

1）操作系统：Windows 10 系统
2）软件平台：NVivo 11

2. 实验目标

对 22 篇国内主流媒体关于"电商扶贫"主题的新闻报道进行分析，探索出电商扶贫的可持续化发展路径。

3. 数据来源

利用 Python 爬取百度新闻页面上主流媒体（如人民网、新华网、光明日报等）文章名含有"电商扶贫"关键词的新闻报道，阅读前 60 篇报道，最终获得 22 份新闻素材。这些新闻素材包含案例报道、政策解读、人物对话等有关"电商扶贫"这一主题的多种内容，覆盖范围广，具有一定的研究价值。

4. 操作步骤

1）数据输入
在 NVivo 中新建项目，依次单击"创建"→"文档"，选择已经整理好的新闻素材。
2）创建节点
选中材料中想提取的内容，创建节点并输入节点名称，如图 9-16 所示。

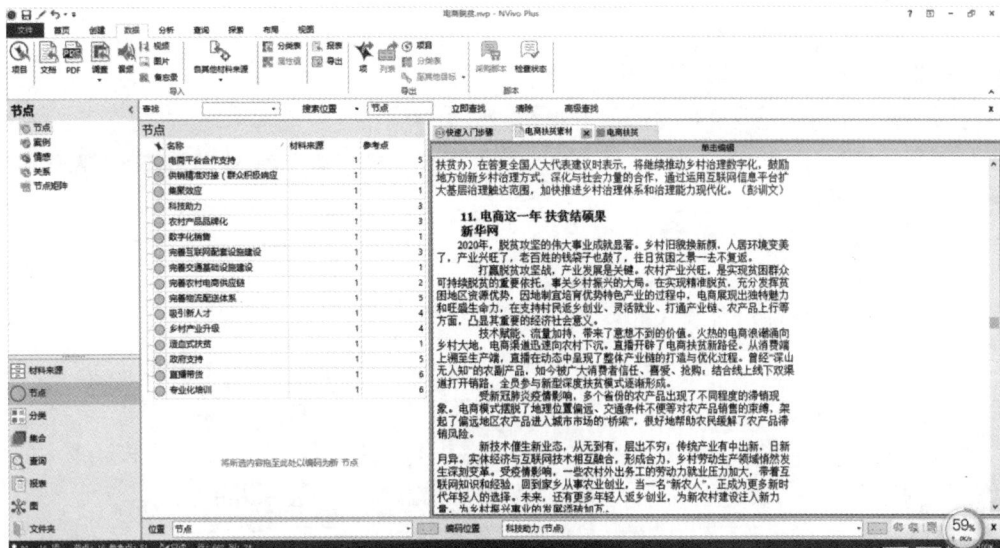

图 9-16　创建节点

3）设定节点的层级关系

选中某个或几个节点，将其复制到目标父节点下，如图 9-17 所示。

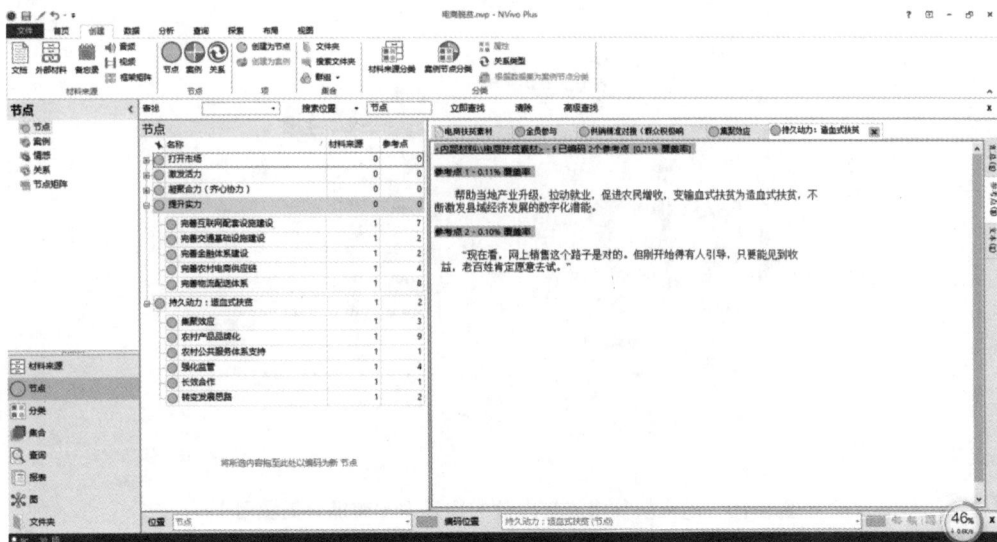

图 9-17　设定节点的层级关系

4）创建案例

操作方法与创建节点一样，选定好要创建的内容后，依次单击"创建"→"案例"。

5）创建关系

依次单击"创建"→"关系"，选择关系双方和关系类型，如图 9-18 所示。

6）新闻素材分析与结果可视化

（1）词云图

操作步骤：依次单击"查询"→"词频"，选定材料范围（案例、节点或内部材料来源），显示查询结果后选择"词云图"，如图 9-19 所示。

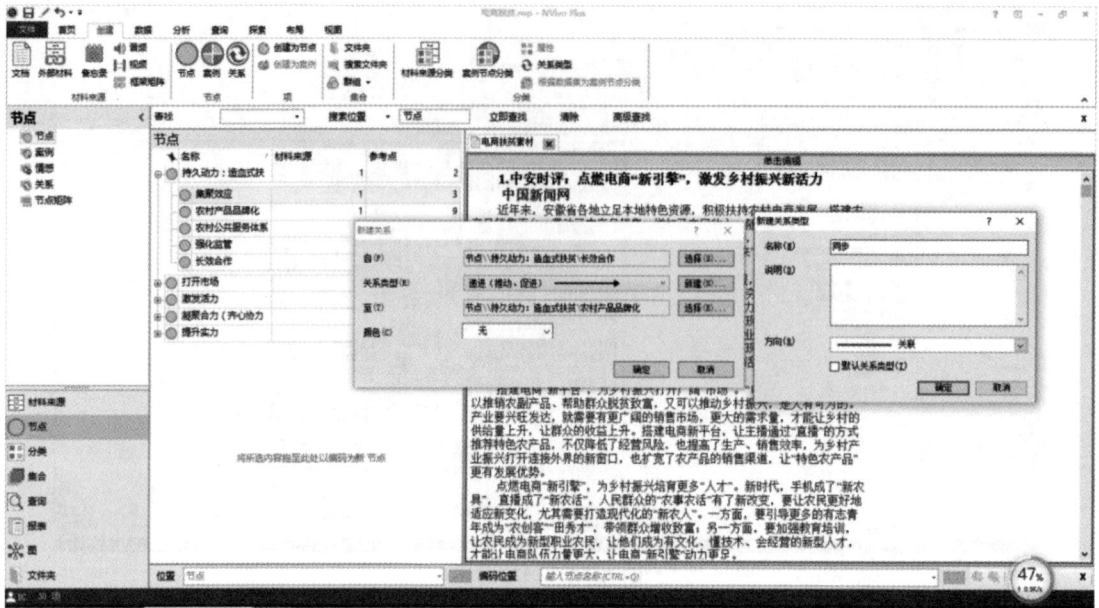

图 9-18　创建关系

图 9-19　电商扶贫措施与成效的词云图（南瓜背景图示）

（2）探索示意图

操作步骤：选中所有节点，单击"可视化"按钮生成探索示意图，如图 9-20 所示。

（3）网络社会关系图

操作步骤：单击"探索"，选择"网络社会关系图"，即可显示网络社会关系图，如图 9-21 所示。

从图 9-21 中可以看出，各父层节点与子层节点之间是逐个递进的，即先要为农产品打开市场，激发农产品的生产和销售活力，同时凝聚政府、电商平台、物流企业等多方力量，完善电商相关设施建设，提升农产品自身的竞争力，最终实现"造血式扶贫"，让农村电商的发展带来持续性效益，助力乡村振兴。

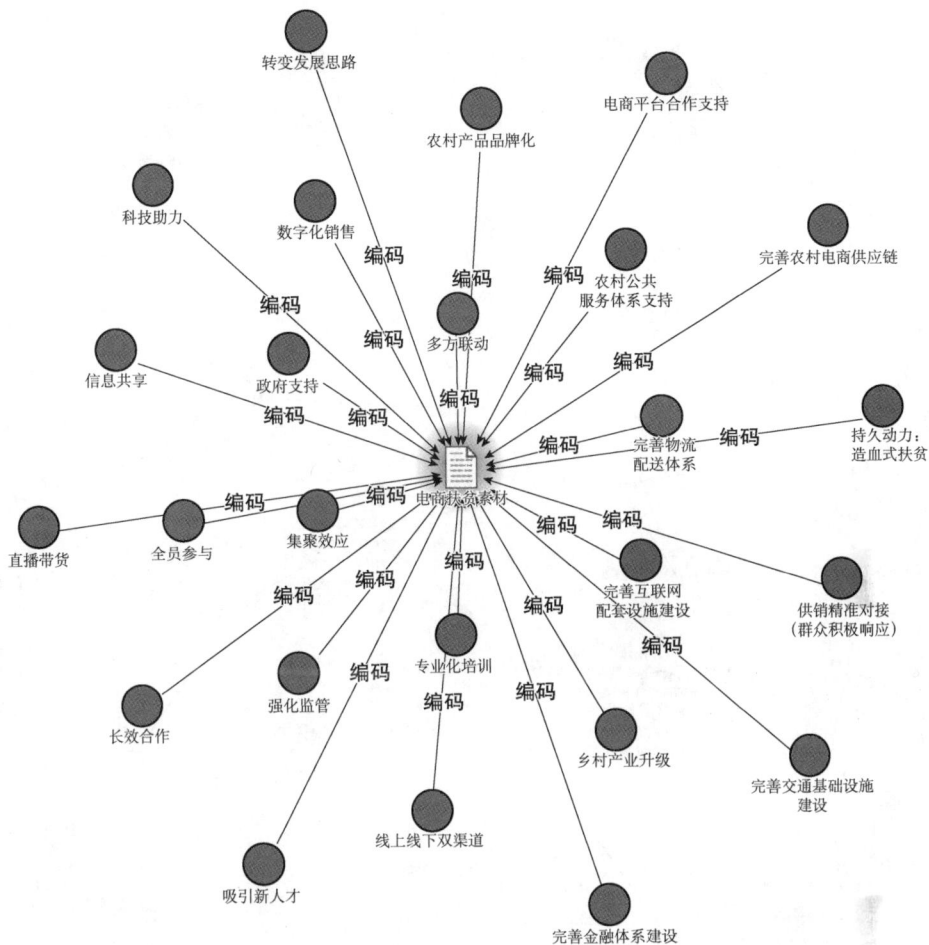

图 9-20　电商扶贫措施与成效的探索示意图

（4）聚类分析

按编码内容相似性聚类，如图 9-22 所示，"凝聚合力"（齐心协力）与"培育人才""提升实力""打开市场""激发活力"同属一类，均为指导方向层面的父节点。

可以看出，信息共享有助于乡村合理调配资源、组织生产销售，从而促进农村产业升级；经过专业化培训，农民也可以利用手机等设备进行直播带货，解决农产品销售的瓶颈问题；通过调动政府、电商平台、物流企业等多方力量，合理利用"互联网+"技术，可以实现农产品的供需精准对接和农村电商产业的集聚效应，进而在农村公共服务体系支持下实现农产品品牌化；只有完善相关配套设施如互联网、交通基础设施以及物流配送体系等的建设，才能助力农产品的数字化销售，再结合线下宣传、展销等活动，为优质农产品打开市场，进而促进农村电商及其关联产业的持续性发展，真正变"输血式扶贫"为"造血式扶贫"。

（5）节点层次图表

操作步骤：选中所有节点，依次单击"可视化"→"节点层次图表"，选择不同颜色或形状来显示层次结构，得到电商扶贫措施与成效的节点层次图表，如图 9-23 所示。

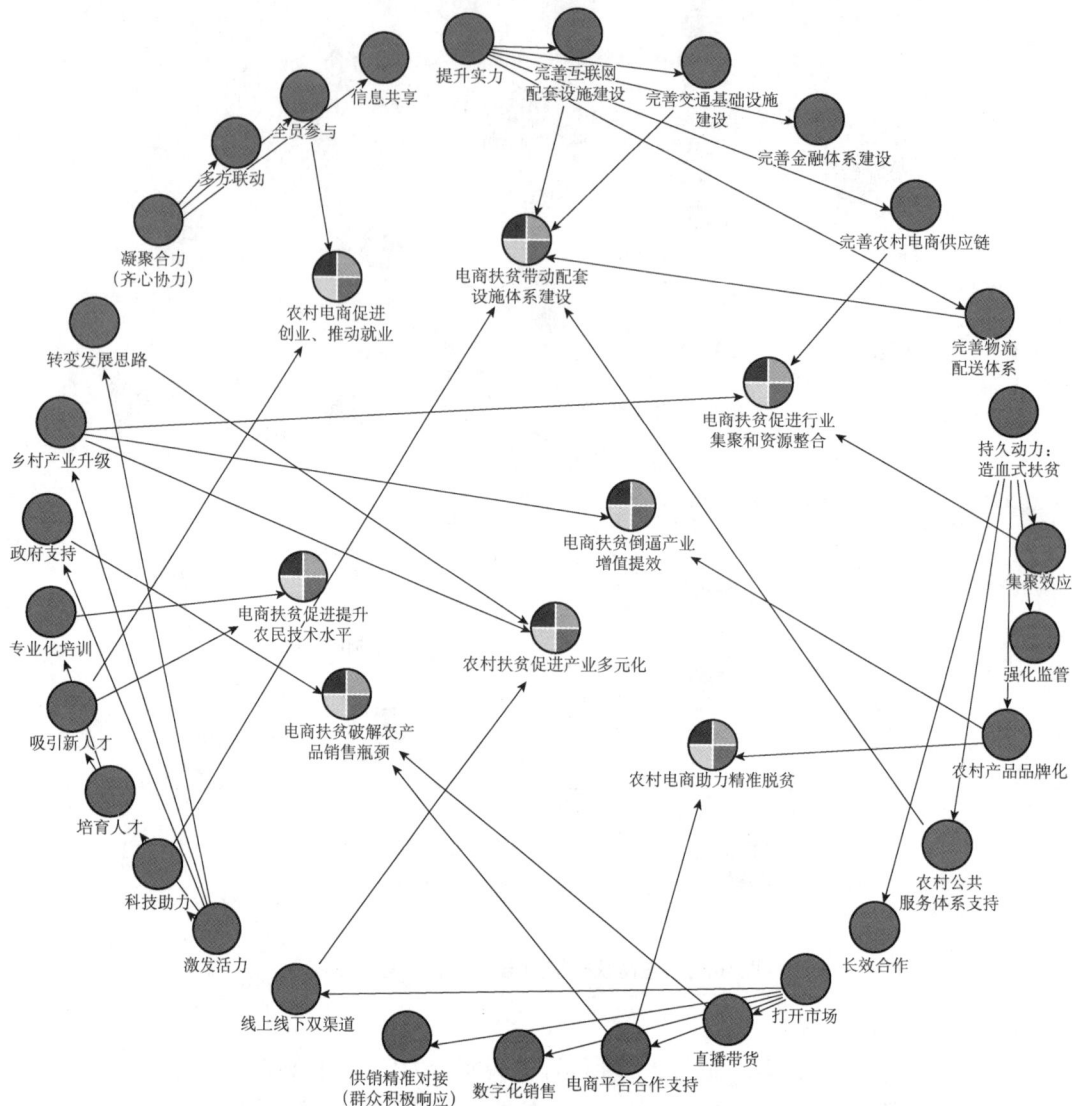

图 9-21　电商扶贫措施与成效的网络社会关系图

（6）比较示意图

操作步骤：依次单击"探索"→"比较示意图"生成比较示意图，如图 9-24 所示。

通过以上分析可以看出，适时利用"互联网+"等高新技术进行直播带货，能解决农产品销售的瓶颈问题，而农产品销量增长乃至实现品牌化会倒逼农产品种植、研发等环节的质量提升，进而促进乡村产业升级及高质量发展。线上线下双渠道的销售方式不仅能带来农产品产量增长，更能促进电商、物流、金融等多行业的发展，促进产业多元化和高质量发展。

凝聚合力（齐心协力）
培育人才
提升实力
打开市场
激发活力

乡村产业升级
信息共享
长效合作
政府支持
直播带货
专业化培训
转变发展思路
持久动力：造血式扶贫
电商平台合作支持

多方联动
供销精准对接（群众积极响应）
集聚效应
科技助力
农村产品品牌化
农村公共服务体系支持
强化监管
全员参与

数字化销售
完善互联网配套设施建设
完善交通基础设施建设
完善金融体系建设
完善农村电商供应链
完善物流配送体系
吸引新人才
线上线下双渠道

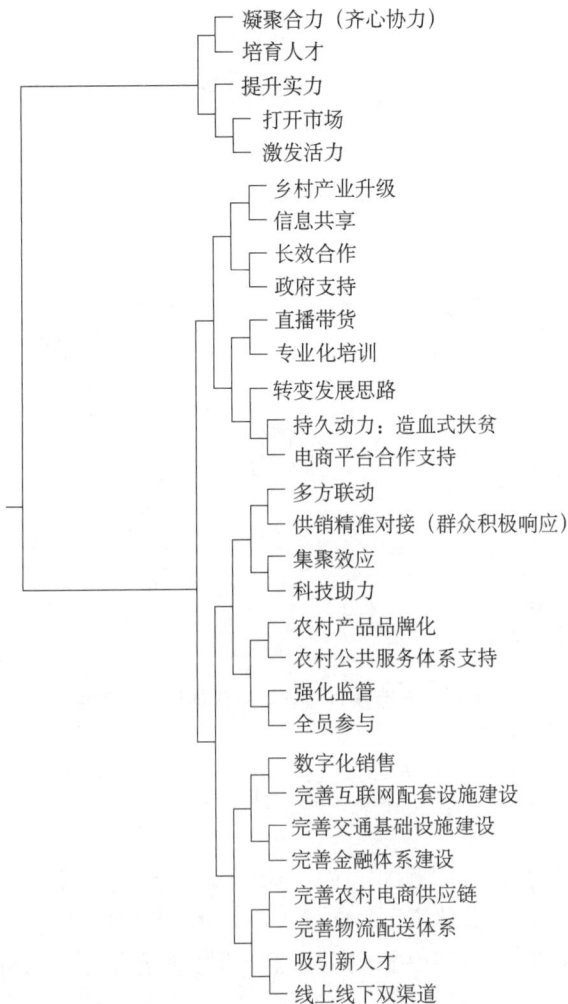

图 9-22　按编码内容相似性聚类

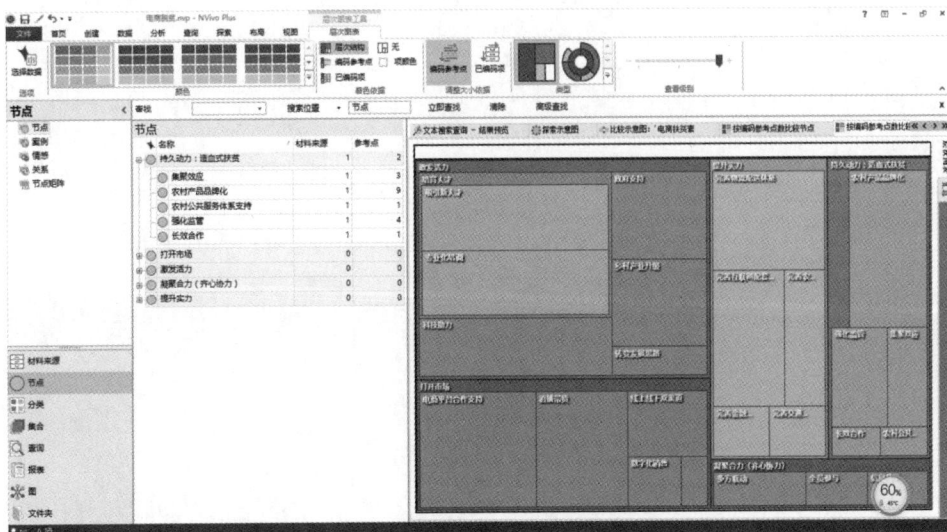

图 9-23　电商扶贫措施与成效的节点层次图表

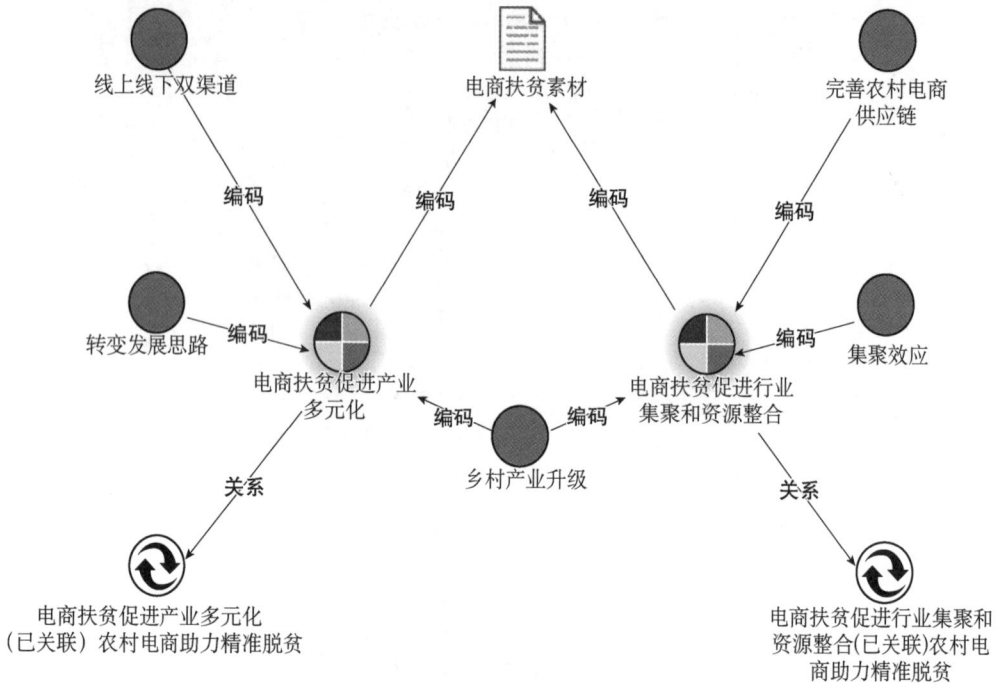

图 9-24　电商扶贫措施与成效的比较示意图

本 章 小 结

本章主要介绍了大数据文本挖掘的定义、步骤和方法，介绍了大数据文本挖掘在物流与供应链管理领域中的应用；在具体应用与实操方面，本章详细介绍了 CiteSpace、NVivo 等文本挖掘软件的应用，并以知识供应链研究热点分析为例介绍了 CiteSpace 的具体应用与实操，以基于文本挖掘的"电商扶贫"为例介绍了 NVivo 的具体应用与实操。

参 考 文 献

[1] 叶舜，李媛媛. 数据驱动型企业成长路径：以物流企业为例[J]. 商业经济研究，2021（19）：134-136.

[2] 任芳. 日日顺物流再树大件智能无人仓新标杆[J]. 物流技术与应用，2020，25（07）：92-97.

[3] 燕鹏飞. 智能物流：链接"互联网+"时代亿万商业梦想[M]. 北京：人民邮电出版社，2016.

[4] 刘伟华，李波，彭岩. 智慧物流与供应链管理[M]. 北京：中国人民大学出版社，2022.

[5] 张云，韩彦岭. 航运大数据[M]. 上海：上海科学技术出版社，2016.

[6] 北京科捷智云技术服务有限公司，人机共舞：大数据和人工智能在物流领域的应用[M]. 北京：机械工业出版社，2019.

[7] 谭磊，陈刚. 区块链2.0[M]. 北京：电子工业出版社，2018.

[8] 任芳. 区块链技术在京东物流领域的应用[J]. 物流技术与应用，2018，23（5）：88-90.

[9] 石海娥. 京东的区块链实践[J]. 光彩，2017（9）：30-31.

[10] 中国区块链应用研究中心. 图解区块链[M]. 北京：首都经济贸易大学出版社，2016.

[11] 房艳君，吴梦娜. 基于动态博弈的供应链网络效率分析[J]. 统计与决策，2016（17）：49-51.

[12] 朱岩，甘国华，邓迪，等. 区块链关键技术中的安全性研究[J]. 信息安全研究，2016，2（12）：1090-1097.

[13] 井底望天，武源文，赵国栋，等. 区块链与大数据：打造智能经济[M]. 北京：人民邮电出版社，2017.

[14] 文丹枫，周鹏辉. 智慧供应链：智能化时代的供应链管理与变革[M]. 北京：电子工业出版社，2019.

[15] 陈根. 数字孪生[M]. 北京：电子工业出版社，2020.

[16] 杨洋. 数字孪生技术在供应链管理中的应用与挑战[J]. 中国流通经济，2019，33（06）：58-65.

[17] 黄音，张逸尘，胡芬. 基于大数据的船舶制造业流程再造[J]. 中国科技论坛，2018（03）：39-47.

[18] 杨少龙，孙延浩，向先波，等. 船舶数字孪生及其服务全生命周期研究综述[J]. 舰船科学技术，2020，42（11）：1-8.

[19] 周祖德，娄平，萧筝. 数字孪生与智能制造[M]. 武汉：武汉理工大学出版社，2020.

[20] 黄慧鸿，李梅，谭道桓，等. H卷烟厂的智能仓储数字孪生管理系统[J]. 中国物流与

采购，2022（10）：44-47.

[21] 邓建新，卫世丰，石先莲，等. 基于数字孪生的配送管理系统研究[J].计算机集成制造系统，2021，27（2）：585-604.

[22] 李联辉，毛春雷，雷冰冰. 数字孪生驱动的物联型混单包装线多工位联动优化[J].包装工程，2021，42（1）：163-170.

[23] 刘勇，杜一. 网络数据可视化与分析利器：Gephi 中文教程[M]. 北京：电子工业出版社，2017.

[24] 米切尔. Python 网络数据采集[M]. 陶俊杰，陈小莉，译. 北京：人民邮电出版社，2016.

[25] 崔庆才. Python 3 网络爬虫开发实战[M]. 北京：人民邮电出版社，2018.

[26] 唐松，陈智铨. Python 网络爬虫从入门到实践[M]. 北京：机械工业出版社，2017.

[27] 汪小帆，李翔，陈关荣. 网络科学导论[M]. 北京：高等教育出版社，2012.

[28] 汪小帆，李翔，陈关荣. 复杂网络理论及其应用[M]. 北京：清华大学出版社，2006.

[29] NEWMAN M E J. Mixing patterns in networks[J]. Physical Review E，2003，67（2）：6126-0.

[30] 舒波，芦珊. 区域物流系统网络仿真、剥离优化及实证[J]. 系统科学学报，2016，24（3）：72-76.

[30] 吴桐雨，王健. 基于多层复杂网络的物流枢纽城市多尺度分析及发育评价[J]. 交通运输系统工程与信息，2019，19（1）：33-39.

[31] TUFEKCI S，WALLACE W A. The emerging area of emergency management and engineering[J]. IEEE Transactions on Engineering Management，1998，45（2）：103-105.

[32] 谭跃进，吕欣，吴俊，等. 复杂网络抗毁性研究的主要科学问题[C].//中国系统工程学会第十五届年会论文集. 2008：107-114.

[32] 陈春霞. 基于复杂网络的应急物流网络抗毁性研究[J]. 计算机应用研究，2012，29（4）：1260-1262.

[33] 黄建华. 快递网络的复杂性及鲁棒性分析：以某快递企业为例[J]. 西南交通大学学报（社会科学版），2009，10（6）：98-102.

[34] 杨康，张仲义. 基于复杂网络理论的供应链网络风险传播机理研究[J]. 系统科学与数学，2013，33（10）：1224-1232.

[35] 胡一竑，朱冰心. 复杂网络理论在供应链管理中的应用[J]. 物流科技，2007，30（9）：100-103.

[36] 李杰，陈超美. CiteSpace：科技文本挖掘及可视化[M]. 北京：首都经济贸易大学出版社，2017.

[37] 霍艳芳，齐二石. 智慧物流与智慧供应链[M]. 北京：清华大学出版社，2020.

[38] 陈根. 数字孪生：5G 时代的重要应用场景[J]. 自动化博览，2020(10)：7.

[39] 潘林，陶君成，初叶萍. 基于复杂网络的城乡物流网络重构研究——以湖北省嘉鱼县为例[J]. 物流技术，2016，35(9)：47-51.

[40] 杨立娟. 航空物流服务链网络复杂特性分析——以顺丰速运为例[J]. 企业改革与管理，2020（6）：56-57.

[41] 丁飞，陈红. 复杂网络视角下供应链网络模型研究[J]. 中北大学学报：自然科学版，2018，39（2）：120-127.